호감의 법칙

차례
Contents

프롤로그

당신이 이 책을 선택한 결과는 반드시 무언가를 얻고자 했던 것 이상의 성과로 나타날 것이다. 그것은 바로 '자기 자신의 변화'이다. 변화의 크기는 각자 다르겠지만, 장차 이루어나갈 꿈과 비전의 크기만큼 자신감이 더할 것이며 지향하는 곳으로의 방향 또한 예기치 못한 변화를 맞을 가능성이 높다. 이 책에서 강조하는 내용인 '이미지 메이킹(image making) 프로그램'이 이미 수많은 사람들의 삶의 크기와 방향을 바꾸어왔기 때문이다.

'인생은 선택'이라는 말이 있다. 우리는 순간순간 무엇인가를 선택한다. 선택의 권리는 자신에게 있으나 자신의 인생을 결정하게 될 그 결과는 자신의 선택 밖에 있다. 하지만 개인의 이미지는 선택이 가능하다. 지금 보이고 있는 자신의 이미지는 과거 선택에 의한 결과에 불과하다는 뜻이다. 따라서 현재의 선택이 미래의 내 모습을 바꿀 수 있다. 자신의 모습을 신분과 역할에 맞도록 향상시키는 일은 자기 성숙과 발전에 크게 기여하는 일이다. 그러기 위해서는 먼저 자신이 누구인지부터 알아야 한다. 자신의 고귀한 가치를 다른 사람들이 제멋대로 판단하도록 두어서는 안 되기 때문이다.

자신에 대한 막연한 기대와 근거 없는 확신은 곧 '자기무지'로 이어진다. 또 '자기과신'으로 나타나거나 '자기비하'로 전락하기 쉽다. 결국 서로에 대한 추측과 오해가 난무하게 되고 대인관계를 통한 자신의 목표 달성은 묘연해진다.

개인의 이미지(self image)는 자신뿐만 아니라 다른 사람에게 각인되고 보관되는 그 사람에 관한 총체적인 정보자료이다. 그러므로 다른 사람에게 각인되기 전에 미리 자신이 원하는 이미지를 만들어놓고 다른 사람들도 인정할 수 있도록 적극적으로 표현하고 설득해야 할 필요가 있다. 그 필요를 충족하기 위한 과정이 바로 '이미지 메이킹'이다.

이 책은 필자가 한국 최초(1986년)로 이미지 메이킹 프로그램을 개발하고 수많은 곳에서 강의를 해오면서 강조했던 내용들, 그리고 여러 매체에 기고하거나 방송했던 원고를 종합하여 읽기 편하도록 문고판 형태로 엮은 글이다. 따라서 이미 필자가 집필했던 서적이나 칼럼, 강의 및 방송을 통해 강조했던 내용들이 중복될 수 있음을 미리 밝혀둔다. 또한 자신의 이미지를 개선하고자 하는 분들이나 이미지 메이킹을 공부하고자 하는 분들에게는 부담 없이 참고할 수 있는 지침서가 되리라 자부하는 바다.

　아무쪼록 이 책을 통해 대인관계 문제로 인해 어려움에 처했던 분들이 새로운 용기를 얻게 되길 바라고, 아직까지 자신의 이미지가 다른 이들에게 어떠한 영향력을 미치고 있는지 모르고 있던 분들에게는 신선한 충격으로 다가가기를 기대한다. 특히 다음 세대에 이 나라를 이끌어갈 차세대 리더들이 이미지 메이킹을 통해 꿈과 비전을 가꾸고 발전시켜 더욱 구체적이고 희망적인 방향을 제시할 수 있길 바란다.

　이미지 메이킹은 그리 복잡한 것도 아니고 그리 어려운 일도 아니다. 개인이 추구하는 목표를 이루기 위해 자기 이미지를 통합적으로 관리하는 행위이자 자기 향상을 위한 개인의 노력을 총칭하는 것이다. 자신의 이미지를 이 책에 대입해보고 스스로에게 나타나는 변화를 즐거운 마음으로 지켜볼 수 있기를 기대한다.

이미지가 경쟁력이다

이미지의 시대

미팅이나 모임에 나갔다가 집에 돌아와 함께 나갔던 친구들에게 전화를 해봤더니 자기 혼자만 집에 와 있다? 엄마 품에 안겨있는 아기들이 나를 보면 눈을 피하거나 내가 안아주기 위해 다가가면 기겁하며 울기 시작한다? 남들은 조용히 지나가는 골목인데 유독 나만 지나가면 개들이 짖어댄다? 그렇다면 자신의 이미지에 문제가 있는 것으로 봐도 무방하다.

한 사람이 태어나면서부터 세상을 떠나는 순간까지 만나는 사람의 수는 헤아릴 수 없이 많다. 그중에는 호감과 친근감이 느껴지는 사람들이 있는 반면 아무 이유 없이 거부감을 주거나 부정적인 느낌을 주는 사람들도 있다. 이러한 감정은 대인관계를 시작하는 어린 시절부터 경험하게 된다. 가까운 친구 또는 이웃이나 동료들로부터 느낄 수도 있고, 비즈니스 현장에서 파트너를 비롯한 다양한 고객들과의 만남에서도 흔하게 경험할 수 있는 일이다.

현대인은 대인관계의 홍수 속에서 살아가고 있다 해도 과언이 아니다. 한 사람이 일생 동안 만나는 모든 사람에게 호감과 만족을 준다는 것 또한 결코 쉬운 일이 아니다. 그렇기 때문에 자신의 이미지가 다른 사람들에게 어떻게 비치고 있는가를 점검하고 자신이 목표하는 모습으로 향상시켜나가는 과정은 대인관계에서 가장 기본적인 일이 되며, 목표 달성과 성공을 위한 단초가 된다. 자신의 이미지를 보다 선명하고 바람직하게 연출하는 일은 상대방에게 신뢰감을 높이고 인간관계를 강화시키며 목표 달성을 앞당기는 성공의 지름길이다. 따라서 이미지 향상을 통한 영향력의 강화는 무한경쟁 시대를 살아가는 현대인에게 필수조건이라 할 수 있다.

대인관계의 시작, 이미지 메이킹

'이미지'란 마음속에 그려지는 상(象), 심상(心象), 표상(表象), 영상(映像) 등을 뜻하며, 개인의 이미지(personal image)는 그 사람에 대한 독특하고 고유한 느낌을 말한다. 이는 어떠한 대상에 대하여 축적된 경험에서 발생하는 것으로 개인의 지각을 통해 어떠한 의미로 해석되고, 다시 상상과 연상에 의해 형성되고 각인되는 것이다. 또 자기 이미지(self-image)란 자기 자신에 대하여 가지고 있는 준거체계로 자신에 대해 지각하는 모든 것, 그리고 인간의 행동을 결정짓는 태도나 느낌의 총체라 할 수 있다. 이러한 자기 이미지는 내적인 이미지(internal image)와 외적인 이미지(external image), 그리고 관계적 이미지(relational image)로 구분할 수 있다.

먼저 내적 이미지란 인간의 심리적, 정신적, 정서적인 특성 등이 고유하고 독특하게 형성되어 있는 상태로 심성, 생각, 습관, 욕구, 감정 등의 유기적인 결합체를 의미한다. 따라서 내적 이미지는 한 사람의 외적 이미지를 구축하고 형성해내는 본질이자 에너지가 되는 것이다.

외적 이미지란 인간의 외부로 나타나는 종합적인 이미지로 내적 이미지가 외모, 언행, 자세, 표정 등의 꾸밈 행동을 통하여 외부로 표현되는 현상을 말한다. 또 생태학적, 심리적, 인지적, 정서적인 내면의 특성 등을 모두 포함하여 외모, 체형, 얼굴, 표정, 자세와 태도, 제스처, 음성과 말씨, 행동, 옷차림, 걸음걸이, 예절과 매너 등 외부로 나타나는 모습, 즉 외면적인 특성이 혼합되어 있는 개인에 대한 총체적인 모습이라고 할 수 있다.

마지막으로 관계적 이미지란 개인의 본질과 현상이 대인관계에서 상대적 교류로 나타나고 형성되는 관계적 이미지를 말한다. 이상 세 가지 이미지가 어떠한 대상과의 만남에서 복합적으로 작용하는데, 이를 컨트롤하는 것이 바로 이미지 메이킹이다.

이미지 메이킹은 우선 다음의 세 가지 차원에서 언급될 수 있다. 첫째, 참자아와 왜곡된 자아의 인식 차이를 축소하거나 제거하는 일이다. 개인이 자신의 참자아를 제대로 인식하지 못하면 자신에 대해 왜곡된 이미지를 품게 되고 스스로를 엉뚱한 사람으로 인식하여 행동하게 되므로 대인관계에 무리가 따르게 된다. 또 스스로에 대하여 부정적인 이미지를 갖게 되면 자신이 처한 환경에도 적응할 수 없으므로 악순환을 반복하게 된다. 따라서 '나는 누구인가?'라는 질문을 통해 자신의 참자아를 발견하는 일은 사회생활을 하는 데 최우선으로 점검해야 하는 요소다.

둘째, 주관적 자아상과 객관적 자아상의 인식 차이를 축소하거나 제거하는 일이다. 예를 들어 자신은 친절하고 성실한 사람이라고 생각하고 있는데 다른 사람들은 반대로 생각하고 있다면 곧바로 인간관계에 문제가 발생한다. 이러한 문제는 자신의 참자아를 제대로 파악하지 못했거나 타인의 오해와 편견에서 비롯되는 현상일 수 있다. 또 자신의 진가를 오해 없이 전달하는 데 무리가 따르게 되고 서로에 대한 인식의 차이가 계속 깊어지는 결과를 초래하므로 반드시 제거해야만 한다.

셋째, 현실적 자아 상태를 이상적 자아 상태로 끌어올리는 일이다. 현재 자신의 이미지를 자신이 추구하는 신분과 역할에 어울리는 최상의 이미지로 맞추어 최적화된 가치로 브랜드화해야 한다. 그렇지 못하면 자신의 가치 제고와 바람직한 사회생활에 무리가 따르게 된다.

이미지 메이킹이 중요한 이유는 개인의 인간관계와 밀접한 관련이 있기 때문이다. 더불어 살아가는 인간사회의 구조 속에서 바람직한 인간관계는 개인의 행복과 삶의 질을 향상시키는 데 직접 기여한다. 이것은 사회 구성원에게 요구되는 능력 중 하나로 자기성취나 생산성 및 공동 목표달성으로 직접 연결된다. 또 이미지 메이킹은 신분과 역할에 따른 여러 가지 제한적 실정을 감안할 때 짧은 시간 내에 비교적 큰 가시적 성과를 얻을 수 있는 방법이기도 하다. 개인별 이미지 메이킹이 필요한 이유가 바로 여기에 있다. 특히 개인의 이미지는 곧 기업과 국가의 이미지로 연결되기 때문에 현대인에게 이미지 메이킹 교육의 필요성이 절실히 요구되고 있는 것이다.

흔히 대인관계가 좋아야 성공할 수 있다고 하는데 이는 분명한 사실이다. 그러나 대인관계가 좋으려면 관계 이전에 먼저 외적으로 나타나는 현상이 좋아야만 한다. 외적인 현상이 엉망이면 대인관계는 꼬일 수밖에 없다. 그리고 외적인 현상이 좋으려면 그 사람의 내면적인 본질이 전제되어야만 한다. 인간에게서 나타나는 모든 외적인 현상은 그 사람의 내면으로부터 우러나오기 때문이다. 따라서 대인관계가 좋으려면 먼저 그 사람의 본질부터 다듬고 가꾸어야 한다.

이미지 메이킹의 효과와 단계

이미지 메이킹의 효과는 최근 대인관계의 향상뿐만 아니라 비즈니스 현장에서의 생산성과도 직결되고 있음이 입증되고 있다. 필자는 「이미지 메이킹의 개념 정립과 프로그램의 효과성 분석 연구」에서 이미지 메이킹 프로그램이 참가자들에게 특히 세 가지 효과로 나타나고 있음을 입증하였다.

첫째, 이미지 메이킹 프로그램을 통해 개인의 자아존중감이 향상되었다. 둘째, 이미지 메이킹 프로그램을 통해 열등감이 제거되고 자신감이 향상되었다. 셋째, 이미지 메이킹 프로그램을 통해 궁극적으로 대인관계능력 향상의 효과가 나타났다. 이는 이미지 메이킹 프로그램을 통해 개인이 자기효능감(특정 문제를 자신의 능력으로 해결할 수 있다는 신념이나 기대감)을 습득하고 참자아를 인식하게 되기 때문이다.

인간이 자신에 대해 가지고 있는 자기 이미지는 긍정적이거나 부정적일 수 있다. 자기 이미지가 긍정적인 사람은 대인관계가 비교적 원만하기 때문에 사회생활을 하는 데 별로 문제가 없고, 그로 인해 자기성취나 생산성의 향상을 이루게 되며 고객만족을 창출하는 원동력이 되기도 한다. 그러나 자기 이미지가 부정적인 사람은 대인관계가 원만하지 못해 동료나 상사 또는 고객과의 관계에서 협력을 기대하기 어렵고 소통에도 문제가 발생할 수 있다. 결국 부정적인 자기 이미지를 가진 사람은 사회생활에서 고립되거나 실패할 확률이 높음을 의미하는 것이다.

이미지 메이킹을 논할 때 대인관계에서의 심리적인 측면을 간과할 수 없다. 그중에서도 인간의 욕구는 모든 행동의 동기가 된다. 자신의 이미지를 성공적으로 만들어간다는 것은 매슬로(A. Maslow)가 주장한 인간의 욕구 5단계 이론과 맥락을 같이 한다. 매슬로는 인간의 다섯 가지 욕구단계를 크게 하위단계인 결핍동기와 상위단계인 성장동기로 구분한다. 결핍동기는 부족하면 부족할수록 더 큰 욕구가 일어나지만 일시적으로나 욕구를 충족시키고 나면 일정 기간까지 그 욕구가 생겨나지 않는다는 이론이고, 성장 동기는 욕구를 채우면 채울수록 더 큰 욕구가 일어난다는 이론이다. 한국인의 추구 성향도 욕구단계별로 같은 맥락에서 상승되고 있음을 알 수 있다.

매슬로가 말하는 생리적 욕구단계(1단계)에서 한국인이 추구하는 것은 본능추구다. 이 기본적인 욕구가 결핍되었을 때는 그 이상의 욕구가 발생하지 않게 되고 본능적인 것들을 채우는

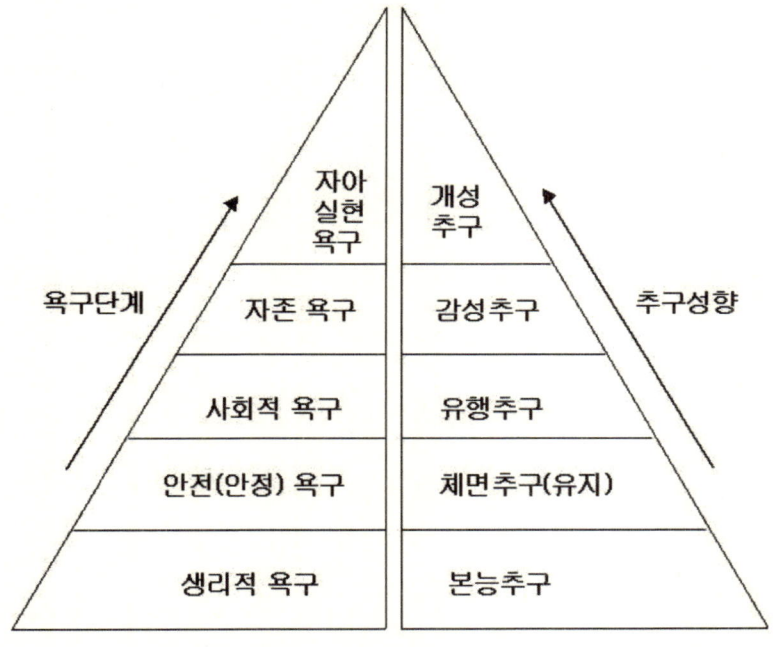

매슬로의 욕구 5단계와 한국인의 추구성향
(출처: 김경호, 「이미지 메이킹의 이론과 실제」, 2008.)

데 충실하게 된다. 다음으로 안전의 욕구단계(2단계)가 충족될 때 한국인들은 체면을 차리거나 유지하려는 경향이 있다. 이 시기에는 다른 사람들의 이목을 느끼게 되고 그 가운데서 체면 유지에 관심이 생기게 되며 이를 추구하는 행동이 나타나게 된다. 사회적 욕구단계(3단계)가 충족될 때는 자연스럽게 유행을 따르게 된다. 자신이 속한 공동체에 소속감이 강화되는 동시에 그 집단에서 형성된 유행에 민감해지므로 자연스럽게 유행을 따르고 추구하게 된다.

자존의 욕구단계(4단계)가 충족될 때는 소속된 집단에서 인정받기를 원하고 존경받기를 바라며 자기존중감이 커지게 되고 자신의 감성이 강화되기 시작한다. 여기에서 감성이란 '외부로부터 들어오는 소극적인 느낌'을 의미한다. 주위로부터 어느 정도 인정을 받고 물질적인 풍요로움이 있을 때 인간의 감성은 폭이 넓어지게 되고, 이때 인간의 의식이나 예술성도 매우 예민해지며 밖으로 나타내기보다는 내부로 수용하는 쪽으로 성향이 발달하게 되므로 감성이 발달하고 이를 추구하게 된다.

그리고 자아실현의 욕구단계(5단계)가 충족될 때 비로소 개성의 추구가 시작된다. 여기서 '개성'이란 사람마다 지닌 남과 다른 특성으로, 자기만의 것을 소극적으로 표현하는 것이 아니라 자신의 모든 진가를 자신의 신분과 역할에 어울리도록 적극적으로 표현하는 것을 의미한다. 따라서 개성은 조화 또는 다양성의 의미로도 통하며 개성의 추구는 내부로부터 발산되는 적극적인 자기표현이라 할 수 있다.

아울러 개인이 이미지 메이킹을 통해 자기실현을 하기까지는 몇 가지 단계가 요구된다. 이미지 메이킹의 일곱 가지 단계를 그림으로 설명하면 다음의 그림과 같다. 그림에서 보는 바와 같이 개인이 자기표현을 하는 데는 비전에 의한 동기부여에서 시작되는 하위 여섯 단계의 내공이 쌓여 있어야만 한다. 하위 단계의 가치가 결여된 자기표현은 허세이고 기만이다.

자신이 그 사실을 알고 있다면 스스로 내면적인 열등감에 시달릴 것이고, 모르고 있다면 착각 내지는 자기기만에 빠져 있는 꼴이 된다. 더 중요한 것은 다른 사람들이 속 빈 강정인 나의 상태를 금세 간파하여 나에 대한 신뢰가 사라진다는 사실이다. 따라서 시간이 걸리더라도 내적 이미지 메이킹을 통해

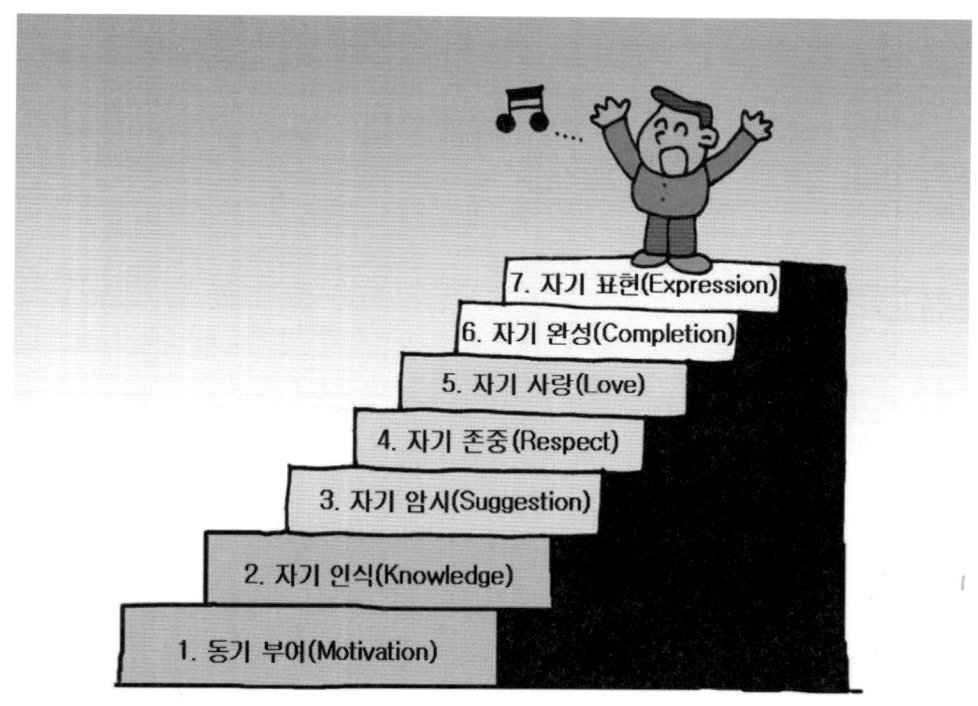

이미지 메이킹의 7단계
(출처: 김경호, 『이미지 메이킹의 이론과 실제』, 2008.)

우선 여섯 가지 내면의 가치를 정립하는 것이 바람직하다.

자기변화를 위한 덕목

글로벌 시대, 치열한 무한 경쟁사회에서 당당하게 앞서가기 위해서는 자신만이 가지고 있는 특성과 진가를 최고의 가치로 명품화시킬 수 있어야 한다. 그러기 위해서는 자신의 독특한 능력을 유감없이 발휘할 수 있는 차별화 전략이 필요하다. 이미지 메이킹 프로그램은 개개인의 이미지 상태를 과학적으로 분석·진단·지도하여 호감도를 높이고, 직업과 개성에 맞는 가장 바람직한 이미지를 만들어내어 비즈니스 경쟁력을 향상시킨다. 또 상황에 따른 대인관계 능력 및 신분과 역할에 어울리는 자기표현기법을 체득하여 성공적인 자기실현과 삶의 질을 높이기 위한 자기변화 과정이다. 이미지 메이킹을 통해 개인의 경쟁력을 높이는 데에는 여러 가지 덕목을 필요로 하는데 이를 열 가지로 요약하면 다음과 같다.

〈이미지 메이킹 십계명〉

제1계명 열린 마음을 가져라.

- 닫힌 창고보다는 열린 뒤주가 낫다.

제2계명 첫인상에 승부를 걸어라.

- 한 번 실수는 평생 고생이 되기 때문이다.

제3계명 외모보다는 표정에 투자하라.

- 표정이 좋지 않다면 다른 것에 투자를 해도 낭비다.

제4계명 자신감을 소유하라.

- 당당하고 야무진 모습은 무언의 설득력이다.

제5계명 열등감에서 탈출하라.

- 상황을 바꿀 수 없다면 생각을 바꿔야 한다.

제6계명 객관적인 자신을 찾아라.

- 진정한 자기 발견은 돈보다 값지다.

제7계명 자신을 목숨 걸고 사랑하라.

- 자신을 아낄 줄 모르는 사람은 남도 아낄 줄 모른다.

제8계명 자신의 일에 즐겁게 미쳐라.

- 즐겁지 못한 일은 모두에게 고역이 되기 때문이다.

제9계명 신용을 저축하라.

- 쌓여가는 신용은 성공의 저금통장이다.

제10계명 남을 귀하게 여겨라.

- 아무리 못났어도 나보다 나은 점이 있기 때문이다.

첫인상으로 승부하라

첫인상의 힘

새로운 만남을 통해 얻어지는 결과는 거의 첫인상의 특성에 의해 결정된다. 첫인상(first impression)이란 처음 만나는 사람에게서 보이는 정보를 순간적으로 감지하고 정리하여 개인의 인지구조에 의해 각인시키고 보관한 자료다. 따라서 첫인상은 개인에 대한 주관적인 정보이자 또 다른 인격체와의 관계를 시작하는 출발점이 된다.

한번 잘못 보이면 상대방의 기억 속에 오랫동안 각인되어 회복이 어렵기 때문에 첫인상은 대단히 중요하다. 세계적인 심리학자 로렌츠(Konrad Lorenz)의 '새끼오리 실험'은 관계를 형성하는

데 있어 첫인상이 얼마나 중요한가를 잘 보여준다. 오리새끼는 부화하는 순간부터 여덟 시간에서 열두 시간 정도 자신과 함께 있어준 사람을 기억하고 계속 따라다닌다. 새끼오리에겐 처음 본 대상, 함께 있어준 사람이 어미오리로 각인되는 것이다. 이는 인간 사회뿐만 아니라 동물의 세계에도 그 대상과 신뢰감을 형성하는 시기가 따로 있다는 증거가 된다. 따라서 첫인상을 어떻게 심어놓느냐가 다른 사람들과의 관계를 결정하는 가장 큰 변수가 된다. 더구나 사람들은 긍정적인 부분보다는 부정적인 부분에 더 집착하는 경향이 있다. 한번 구겨진 인상은 다시 회복하기 힘들다는 말이다.

사람들은 처음 보는 사람에 대한 정보를 얻는 데 시각에 많이 의존하기 때문에 외모로부터 아주 큰 영향을 받는다. 한 조사에 따르면 처음 보는 사람을 만나 2~3초 안에 첫인상을 형성하고, 30초 후엔 그 사람에 대한 최종 결론을 내린다고 한다. 이어 판단이 끝나고 결론에 도달한 후에는 이미 내린 결론을 정당화하는 데 매진한다. 따라서 잘못 전달된 첫인상을 바꾸려면 대단히 급격하고 충격적인 반전이 필요하게 된다.

자신이 연출한 크고 작은 이미지는 첫인상 형성에 중요하게 작용하며 영향을 미친다. 자신이 연출하는 이미지의 모든 부분들이 가치를 발휘해 유익하든 해롭든 반드시 작용한다는 것이다. 지금은 한 지역에서 성장하여 대체로 아는 사람들을 대하며 사는 시대가 아니다. 변화도 빠르다. 또 이동이 쉽고 활동 범위가 광범위하기 때문에 거의 매일 새로운 사람을 만나게 되거나 새로운 사람과 거래를 하는 등 계속해서 교류를 가져야 하는 경우가 많다. 또 이사를 하고 직장을 옮기고 새로운 사업을 전개해 새 분야로 진출하는 등 만나야 할 대상은 쉴 새 없이 바뀌고 있다. 이때 우리가 어떤 인상을 주는가에 따라 만남이나 관계 또는 거래가 지속될 수도 있고 단절될 수도 있다. 관계 형성에 있어 첫인상만큼 영향을 미치는 것이 없다는 뜻이다.

누구에게나 적용 가능한 최상의 첫인상이라는 것이 과연 존재할까? 유일한 각인 방법이라고 부를 만한 것이 따로 있을까? 훌륭한 첫인상이란 자신의 진실함을 그대로 반영하는 것이다. 스스로 공유하고 싶은 최선의 자신을 제시하고 있다면 바로 그 순간이 자신에게 가장 적합한 첫인상을 만들고 있는 때다. 첫인상은 인간의 감각기관(시각, 청각, 촉각, 후각, 미각 등)을 통해 지각된 정보가 상대방의 본질이나 사실과는 무관하게 자신의 사고체계와 감정상태 및 경험영역에 의해 형성되고 각인되는 상태라고 정리할 수 있다.

첫인상은 대부분 시각에 의해 결정되는데 시각으로 받아들인 정보와 기존의 정보를 합해 적당히 해석을 한 후 그 인상을 확정하고 다음 행동을 결정한다. 미국 캘리포니아 대학의 심리학자인 메러비안(Albert Mehrabian)은 인간은 평상적인 의사소통에서 55퍼센트의 시각(복장과 외모 등)과 38퍼센트의 목소리(음색, 억양, 고저 등)와 신체언어, 그리고 7퍼센트의 대화 내용을 근거로 첫인상을 형성한다고 했다. 시각적인 효과가 얼마나 큰 영향을 미치는가를 보여주는 대목이다.

좋은 첫인상을 위한 점검

첫인상을 좋게 주려면 먼저 첫인상이 전달되는 네 가지 특징에 유의할 필요가 있다. 첫째, 일회성이다. 기회는 한번뿐이라는 사실이다. 두 번째나 세 번째의 만남보다는 첫 번째 만났을 때의 모습이 오래도록 기억에 남게 된다. 첫 번째 들어온 정보가 인상적이고 짙게 남아 있다면 다음에 느껴지는 정보는 심리적으로 거부되고 좀처럼 입력이 되지 않는다. 먼저 들어온 정보가 나중에 들어온 정보보다 전반적인 인상 형성에 더욱 강력한 영향을 미치는 것이다. 따라서 단 한 번의 기회를 놓치지 말아야 한다.

둘째, 신속성이다. 순간적으로 각인된다. 많은 실험 결과에서 나타나듯 첫인상이 전달되는 시간은 불과 몇 초에 불과하다. 따라서 중요한 만남일수록 신속히 승부를 걸어야만 한다. 상대보다 내가 먼저 상대방을 바라보고 준비하는 것이 상대의 호감을 얻을 수 있는 비결이 된다.

셋째, 일방성이다. 거의 대부분 일방적으로 전달된다. 나를 처음 보는 사람들은 나의 동의도 없이 제각기 느끼고 판단을 해버린다. 어느 누구도 처음 만났을 때의 나쁜 느낌은 말하지 않지만 자신의 기억 속에 확실히 입력은 해놓는다. 그리고 확인해보려 하지도 않는다. 따라서 나 자신이 다른 사람들에게 어떻게 보이고 있는지를 객관적으로 점검할 필요가 있다.

넷째, 연관성이다. 사람은 마음대로 상상하거나 다른 무엇을 연상한다. 실제 지금 만나고 있는 사람과는 다른 사람을 떠올리기도 하고 이미 자신이 익숙하게 기억하고 있는 사람 또는 사물을 연상하여 그것을 첫인상으로 입력해놓는 것이다. 이 네 가지 특징을 살펴보면 첫인상이란 보이는 사람에게 불리한 구조임을 알 수 있다. 따라서 미리 준비하지 않으면 자신이 원치 않는 모습으로 각인될 소지가 다분하다.

다음으로 첫인상을 바람직하게 형성하기 위해 명중시켜야 할 네 개의 관점이 있다. 첫째, 내가 나를 보는 관점이다. 이는 우리가 새로운 상황에 처하면 공통적으로 갖게 되는 관점이다. 회의나 연회 등의 자리에서 우리는 안정감을 느끼거나 열정을 받아들이고 때로는 지루함, 위협 등 스스로의 감정에 대해 생각하게 된다. 이는 정상적이며 피할 수 없는 것이고 또 누구에게나 관심사가 되지만 사실 대단히 중요하다. 그 때문에 우리는 사람들을 어떻게 대할 것인지, 이곳에서 어떤 상황을 얻어 낼 것인지, 누구와 교제할 것인지를 선택할 수 있다.

둘째, 내가 타인을 보는 관점이다. 새로운 상황과 사람에게 안정감을 가지고 나면 우리는 공통적으로 자신의 초점을 이완시키고 감정적 주의를 다른 사람에게 돌려 이제 그들에 대해 생각하게 된다. 보통의 사람들은 상대방이 우리에게 반응하는 모습, 그들의 말과 행동을 근거로 사람을 평가한다. 그리고 그들의 성격과 그들에 대한 나의 호감도까지 신속하게 결정한다. 이 작업은 자연스럽게, 그리고 흔히 무의식적으로 진행된다.

셋째, 타인이 나를 보는 관점이다. 좋은 인상을 형성한다는 것은 상대방이 나를 긍정적으로 느낄 수 있게 하는 것을 의미한다. 그래서 상대방이 나에 대해 느끼는 바가 중요한 초점이 되어야 한다. 고객을 처음 대하거나 첫 데이트를 할 때 우리는 의식적으로 내가 상대방에게 어떠한 인상을 남기고 있으며 어떤 대우를 받고 있는지 알고자 한다. 그래서 만남을 갖고 있는 동안 상대방이 내게 미소를 짓고 주의를 기울이는지, 또는 나의 유머에 웃으며 빠져드는지를 신경 쓰게 된다. 만남이 끝난 후엔 내가 만든 인상의 정도를 평가하고 반성하기도 한다.

넷째, 타인이 스스로를 보는 관점이다. 사람들은 자신이 다른 이들에게 얼마나 강력하게 영향을 미치는지 모를 수 있지만 스스로가 느끼는 바에 의해 강력하게 영향을 받을 수 있다. 실제로 우리는 자신이 누군가를 즐겁게 하거나 지겹게 할 수 있다는 사실을 알지만 자신으로 인해 상대방이 얼마나 자부심을 갖거나 통찰력이 있다고 느끼게 할 수 있는지에 대해서는 잘 알지 못한다. 사람들이 나와 시간을 보낸 후 자신 스스로 느끼는 바가 다시 그들이 나에 대해 느끼는 바에 영향을 미치기 때문에 사실 이는 대단한 가치가 있다.

그럼에도 불구하고 우리는 누군가를 만난 후 그가 나 때문에 자기 자신에 대해 어떻게 생각하는지는 전혀 관심을 두지 않는다. 그래서 네 개의 초점 중에서 이를 가장 무시하는 편이다. 그러나 이러한 초점에 신경을 쓰는 것이야말로 긍정적인 첫인상을 형성하는 최고의 방법이다. 이러한 감정적 흐름은 자연스러운 것이 아니기 때문에 우리는 의식적으로 생각해야 하고 사람을 대할 때 나에서 타인으로 주의를 전환해야 한다. 즉 우리가 남을 대할 때 나만의 좋은 인상을 갖기 위해서는 나에게 초점을 맞출 것이 아니라 상대에게 초점을 맞춰야 한다는 이야기다. 내가 그들에게 어떻게 보이느냐보다 그들이 나 때문에 그들 자신에 대해 어떻게 생각하는가에 초점을 맞추는 것이다. 원래 인간관계란 상호 욕구충족에 관한 것인 반면, 첫인상은 다른 사람의 욕구를 충족시키는 데 관한 것이다.

우리가 처음 누군가를 만나는 시간은 다소 짧지만 특별한 순간이다. 그 순간 나의 욕구를 잠시 밀어놓고 초점을 상대에게 옮길 때 나는 관대한 사람이며 이기적인 사람이 아님을 나타낼 수 있는 것이다. 사회적 관용의 위치에서 출발해 다른 사람의 요구부터 충족시키면 상호 충족을 위한 기틀을 놓는 것이 된다. 다음 목표를 위해 훨씬 더 강력한 도구를 마련하는 일과 같다.

첫인상 전략

그렇다면 실제로 첫인상을 좋게 주는 방법은 무엇일까? 여기서는 세 가지 방법을 소개하고자 한다. 첫째, 자존감을 높여야 한다. 자존감은 자신을 스스로 높이려는 마음인 자존심과 다르다. 자존감이란 자신을 긍정적으로 평가하는 마음을 말한다. 스스로 최고라고 과대포장하거나 무가치하다고 비하하는 사람을 다른 사람이 좋게 평가할 리 없다.

둘째, 만나는 상황의 우선순위부터 정하고 준비해야 한다. 우선순위는 사람에 따라 질과 양이 다를 수 있겠으나 일반적인 만남에서는 얼굴과 복장, 자세와 태도 등을 우선적으로 꼽을 수 있다. 특히 얼굴은 그 사람의 대표기관이자 서로 가장 먼저 바라보는 곳이다. 따라서 언제나 밝고 친근한 모습을 유지할 필요가 있다. 복장도 그 사람의 신분과 역할을 대변한다. '어리석은 사람은 외모를 무시한다'는 말이 있다. 옷을 잘 입어 성공했다고 할 수는 없지만 옷을 잘못 입어 실수하는 사람들은 많다. 이러한 실수는 자신의 가치를 높이는 데 악재로 작용하게 된다. 자세와 태도는 사람의 내면, 즉 본질을 평가하는 척도가 된다. 자세란 그 사람이 가진 모양을 말하고 태도란 대상에 따라 생각이나 감정이 겉으로 드러나는 모습을 말한다. 또는 외부의 자극을 수용하는 틀, 즉 '마음의 모양'이라고 말할 수 있다.

셋째, 첫인상의 주도권을 빼앗기지 말아야 한다. 바둑을 둘때 먼저 두는 수가 유리하듯 첫인상에서의 유리한 고지는 상대방을 내가 먼저 보는 것, 즉 상대방에 대해 미리 알고 만나는 것을 말한다. 먼저 알면 어떻게 대응할 것인지 전략이 생기고 상대방에게 자신감이 있는 사람으로 비치기 때문이다.

옛날 선조들은 다른 사람을 평가할 때 신언서판(身言書判)의 순서를 중시했다. 시대에 따라 다른 사람에 대한 평가와 판단의 우선순위는 바뀌어도 평가와 판단에 대한 결과는 같다. 경기가 좋고 잘나갈 때는 좋은 인상을 주기 쉽다. 그러나 불경기가 계속되고 모두가 힘든 상황에서도 좋은 이미지를 보인다면, 보는 사람들에게 잊지 못할 호감과 기대감을 안겨주는 법이다. 첫인상의 중요성과 효과를 알고 있다면 누군가를 만나기 전에 미리 계획부터 세워야 한다. 첫인상은 준비하는 자의 몫이고 준비하는 만큼 효과가 나타나기 때문이다.

첫인상에 영향을 미치는 심리적인 효과는 여러 가지가 있고 그 영향도 다양하다. 그중에서 첫인상 형성에 영향을 미치는 일곱 가지 효과와 이미 형성된 첫인상을 변화시키는 데 적용되는 세 가지 효과를 들 수 있다. 첫인상의 심리적 효과는 의식적으로나 무의식적으로 첫인상 형성에 결정적인 요인으로 작용한다. 따라서 첫인상 형성에서 이러한 심리적 효과의 적절한 활용과 적용이 필요하다. 먼저 첫인상 형성에 영향을 미치는 일곱 가지 효과를 살펴보면 다음과 같다.

첫째, 초두효과(primacy effect)다. 먼저 들어온 정보가 나중에 들어온 정보보다 전반적인 인상 형성에 더욱 강력한 영향을 미치는 현상을 말한다. 인상의 형성에서 초두효과는 왜 일어나는가에 대해 심리학에서는 주의감소의 설명과 해석 세트의 설명을 제시했다. 주의감소(attention decrement)는 어떤 목록에서 뒷부분에 해당하는 항목들은 앞부분에 비해 주의가 흐트러지면서 더 적은 주의를 기울이게 된다는 이론이다. 해석 세트(interpretive set)는 처음에 제시되는 항목들이 최초의 인상을 형성해 뒤에 따라오는 정보를 해석하는 데 사용된다는 이론이다. 따라서 초두효과는 사회적 판단에 중요한 영향을 미친다.

둘째, 대비효과(contrast effect)다. 너무 매력적인 상대와 함께 있으면 그 사람과 비교되어 자신은 오히려 평가 절하되는 현상이다. 멋있는 사람 옆에서 사진촬영을 하거나 매력적이고 잘생긴 친구를 사랑하는 사람에게 소개시켰을 때 발생하는 심리적 갈등이 여기에 해당한다.

셋째, 부정성효과(negativity effect)다. 부정적인 특징이 긍정적인 특징보다 그 사람의 인상 형성에 더욱 강하게 작용하는 현상이다. 어떤 정보에 대해 긍정적인 내용과 부정적인 내용을 동시에 접했을 때 부정적인 내용이 더욱 강력하게 작용하는 효과다. 결과적으로 부정적 인상은 긍정적 인상보다 변화되기 어렵다는 것을 의미한다.

넷째, 후광효과(halo effect)다. 외모나 지명도 또는 학력과 같이 어떤 사람이 갖고 있는 장점이나 매력 때문에 관찰하기 어려운 성격적인 특성까지 좋게 평가되는 현상이다. 적극성을 띠는 어떤 사람을 볼 때 실제로는 그가 갖지도 않은 다른 긍정적 특성도 가졌을 것이라고 가정하는 것이다. 예를 들어 명랑하고 쾌활해 보이는 사람은 역시 똑똑하고 호감이 가며 성공적인 사람이라고 판단하게 되어 심지어 그에게 그런 특성이 있다는 증거를 본 적이 없음에도 불구하고 그럴 것이라고 가정하게 되는 것이다.

다섯째, 현저성효과(vividness effect)다. 어떠한 두드러진 특징이 그 사람의 인상 형성에 큰 몫을 차지하는 현상이다. 키가 커서 시원스런 사람으로 느낀다거나 눈이 예뻐서 아름답다고 느끼는 등 긍정적인 측면이 있고, 또 노래를 못해서 무능할 것이라고 여기거나 체구가 왜소해서 운동을 못할 것 같다는 식의 부정적인 오해 등이 여기에 해당한다.

여섯째, 방사효과(radiation effect)다. 지위가 높거나 유명한 사람과 함께 있을 때 자신의 사회적인 지위나 자존심이 높아지는 현상이다. 특정 정치인이나 유명 연예인과의 친분을 내세우거나 심지어 오래전에 유명인사와 함께 찍은 단체사진 등을 거실 벽에 크게 걸어놓는 심리 등을 의미한다.

일곱째, 악마효과(devil effect)다. 열등한 외모나 부정적인 모습 때문에 다른 측면까지 부정적으로 평가되는 현상이다. 예를 들어 못생긴 사람은 능력도 없을 것 같다거나 불평불만을 많이 하는 사람은 싫증을 잘 내고 사교성도 없으며 허약할 것 같고, 또 맡은 업무에 대한 생산성도 떨어질 것이라고 가정하는 등의 심리를 의미한다. 하지만 이와는 반대로 잘못 전달된 첫인상을 회복하기 위한 세 가지 효과도 있다.

첫째, 수면자효과(sleeper effect)다. 잘못 제시된 정보도 시간이 지나면 점차 망각하는 현상이다. 기분 나빴던 일도 잠을 자고 나면 한결 가벼워지는 것처럼 시간이 흐름에 따라 처음에 각인되었던 정보가 흐려지게 되는 현상을 말한다. '세월이 약'이라는 속담이 여기에 어울린다.

둘째, 빈발효과(frequency effect)다. 첫인상이 좋지 않게 형성되었어도 반복해서 제시되는 행동이나 태도가 첫인상과는 달리 진지하고 솔직한 호감을 주게 되면 점차 좋은 인상으로 바뀌는 현상을 말한다. 삼고초려(三顧草廬)와 '열 번 찍어 안 넘어가는 나무가 없다'는 속담 등이 여기에 해당한다.

셋째, 충격효과(shock effect)다. 평상시에는 전혀 예상하지 못했던 충격적인 일이나 예상 밖의 행위를 통해 개인에 대한 인상이 일시에 바뀌는 현상을 말한다. 하지만 상대방의 인식을 바꾸는 방법이 파격적인 만큼 위험도가 함께 따르므로 다른 방법이 없을 때 마지막 수단으로 활용하는 것이 바람직하다.

이러한 심리적 효과들은 첫인상 형성에서 결정적인 요인으로 작용되고 있다. 따라서 만남의 목적과 상황에 따라 다른 사람들의 심리상태를 파악하고 상대방이 느끼는 자신의 첫인상이 어떠한가를 먼저 파악할 필요가 있다. 아울러 첫인상 형성에 이러한 심리적 효과를 활용하는 전략, 그리고 적절하게 적용하는 능력이 요구된다. 첫인상은 다른 사람들에게 자신의 이미지를 각인시키는 첫 번째 관문이자 대인관계의 시작이다. 따라서 자신이 다른 사람들에게 어떠한 첫인상을 주는지를 알아볼 수 있다면 그에 따른 대비도 할 수 있을 것이다.

이미지 메이킹 프로그램에서 활용되고 있는 첫인상 테스트는 자신의 첫인상이 다른 사람들에게 어떻게 비치고 있는가를 점검하는 것인데 체크리스트를 통해 스스로 점검하는 방법과 다른 사람들에게 설문하는 방법, 그리고 두 가지를 혼합하여 분석하는 방법이 있다. 첫인상 테스트는 어디까지나 주관적 자아상에 기초하고 있으나 객관적인 자아상을 유추하는 근거가 된다는 점에서 의미가 있다.

밝은 표정이 성공을 부른다

내 얼굴의 아이러니

얼굴은 그 사람의 대표기관이다. 다른 사람과 나를 구별할 때 제일 첫 기준이 얼굴이고 아무개 하면 떠오르는 것도 얼굴이다. 또 사람의 얼굴은 마음속 감정과 내면의 개성을 가장 강하게 반영하는 곳이다. 신체 부위 중 얼굴은 다른 사람이 바라보는 첫 번째 신체적 기관으로 타인들과의 대면 상황에서 자연스럽게 흥미의 초점이 되고 형태적 특성에 따라 각기 다른 인상을 전달하게 된다.

어느 신문사에서 직장인들을 대상으로 조사를 했는데 그 결과가 흥미롭다. "다른 사람을 쳐다볼 때 가장 먼저 그 사람의 어디를 봅니까?"라는 질문에 응답자의 80퍼센트가 "얼굴 부위를 먼저 본다"고 답했다. 필자가 강의실에서 직접 확인했을 때도 마찬가지 결과가 나왔다. 이성을 볼 때 맨 먼저 눈이 가는 곳을 물으니 남자들은 얼굴, 몸매, 가슴, 허리, 엉덩이, 다리 순으로 대답했고, 여자들은 얼굴, 체격, 하체 길이, 분위기 순으로 대답했다. 남녀 모두 얼굴이 1위로 나타난 것이다.

그런데 아이러니한 사실은 자신을 대표하며 그렇게 중요한 역할을 하는 자신의 얼굴을 본인은 볼 수가 없다는 것이다. 거울을 통해 볼 수 있지 않느냐고 반문할 수도 있겠지만 거울로 보는 얼굴은 좌우가 뒤집힌 얼굴이다. 세상에는 존재하지도 않는 자기 자신에게만 익숙한 얼굴이다. 거울 두 개를 이용하면 좌우를 맞출 수 있겠지만 그마저도 실상이 아니다. 사진이나 화면을 통해 보는 얼굴도 각도는 맞지만 제 모습이 아니다. 자신은 볼 수도 없는 나의 얼굴을 다른 사람들은 너무나 쉽게 보고 있다는 것이다. 나는 보지 못하는데 다른 사람들은 모두 보고 있다면 내 얼굴은 보는 사람을 위해 존재하고 있다는 얘기가 된다. 결국 남들이 보고 느끼는 내 얼굴이 진짜 내 얼굴이다.

그렇다면 내가 보아서 만족스럽기 이전에 남들이 볼 때 만족스러운 얼굴로 가꿔나가야 한다. 얼굴 표정도 마찬가지다. 얼굴 표정을 통해 우리의 마음 상태뿐 아니라 생애 전체가 드러난다. 찌푸린 얼굴로 은행을 방문하는 고객에게는 절대로 대출을 해주지 않는다는 어느 은행 지점장의 말에 공감이 간다.

사람 얼굴의 약 80개 안면근육 중에서 다른 사람에게 따뜻한 인상을 주는 데 활용되는 근육의 수가 채 20개도 안 되는 데 반해 거부감을 주는 데 사용되는 근육의 수는 무려 두 배가 넘는다고 한다. 더욱 문제가 되는 것은 쉽게 움직일 수 있는 위치에 있는 근육은 별로 좋지 않은 표정을 만드는 데 활용되고, 어렵게 움직여야 하는 근육은 좋은 표정을 만드는 데 활용된다는 해부학자들의 연구 결과다. 호감을 주는 표정을 짓기보다 거부감을 일으키는 표정을 짓는 게 훨씬 수월하고, 생기 있는 표정보다는 무표정한 것이 더 자연스럽다는 말이 된다. 대대로 내려오면서 주변 환경과 여러 가지 여건에 의해 굳어진 얼굴 근육은 우리 의지와 상관없이 불리하기 짝이 없는 해부학적 구조로 발전되어온 것이다.

얼굴의 생김새와 느낌은 여러 가지 원인과 형태에 따라 다르게 나타난다. 그러나 반복적인 근육운동을 통해 좋은 표정을 만들 수 있다는 데는 대부분 의견이 일치한다. 따라서 어떠한 얼굴 표정을 만들어가느냐 하는 문제는 지극히 개인적인 의지와 노력에 달려 있다. 근육의 특성은 운동하면 발달하기 때문에 좋은 표정을 만드는 데 필요한 근육도 강화 훈련을 거듭해야 한다. 좋은 인상을 만드는 근육을 찾아내어 부위별로 지속적인 운동을 하면 얼마든지 변화가 가능하지 않을까? 그러니까 조물주는 노력하는 사람에게만 좋은 인상을 허락해주시는 것이다. 그런데 본인은 자신의 얼굴 상태를 알 수가 없다는 것이 문제다. 그래서 이미지 컨설턴트와 같은 전문가의 지도가 필요하다.

여기서 특히 유념해야 할 사항은 표정이 분위기를 만들고,

이 분위기는 다른 사람에게 전이된다는 사실이다. 영향력이 강한 사람이 약한 사람에게 분위기를 전염시키고 의지가 강한 사람이 약한 사람에게 분위기를 전염시킨다. 자신을 만나는 모든 사람들에게 어떠한 분위기를 전파하느냐는 대인관계에서 주도권을 잡느냐 아니면 잡히느냐의 차이인 것이다.

진짜 미소의 선택

인간의 즐거움이나 기쁨과 같은 긍정적 정서는 근본적으로 미소나 웃음으로 나타난다. 인간 발달에서도 인지적 요인이 중요한 역할을 한다. 인간의 웃음은 그 원인과 모양에 따라 다양하고 복잡 미묘한 차이가 있는데, 크게 외부 자극에 의해 표출되는 반사적인 웃음과 내부로부터 조성되고 표출되는 분출형으로 나눌 수 있다. 주위 환경이나 여건, 정서 상태와 조건, 성공과 성취, 만족과 행복감, 기쁨이나 즐거움, 유머와 재치의 수용 등에 따라 웃음은 제각기 다르게 표현될 수 있다. 또 같은 상황에서도 개개인의 웃음의 정도와 크기가 다르게 나타날 수 있다. 따라서 웃음은 개인의 정서와 태도에 기인하고 가치관에 따라 다르게 표현되는 선택적인 측면도 있다.

대인관계를 부드럽게 하는 방법을 하나 말하라고 한다면 대부분 웃음이라고 말할 것이다. '웃는 얼굴에 침 못 뱉는다' '웃으면 복이 온다'는 말이 있듯이, 사회생활에서 웃음은 빼놓을 수 없는 중요한 요소다. 아무리 잘생긴 얼굴도 웃음이 없으면

냉정해 보이고 최고급 화장품으로 멋지게 메이크업을 해도 얼굴에 따뜻한 미소가 없다면 마네킹 같은 분장에 불과하다.

많은 사람들이 멋진 미소 하면 대개 '모나리자의 미소'를 떠올린다. 그런데 모나리자의 입을 가리고 눈만 보면 눈이 전혀 웃지 않고 있다는 사실을 알게 된다. 노려보고 있는 건지 째려보는 건지 도무지 알 수가 없다. 안륜근(눈둘레근)이 굳어 있는 형태이기 때문이다. 그런데 반대로 눈을 가리고 입만 보았더니 입은 살짝 웃고 있었다. 그러니까 모나리자의 미소는 입만 웃고 있는 애매한 미소인 것이다. 그런데 모나리자보다 훨씬 멋진 미소가 있다. 바로 우리 전통 탈 중의 '부네탈'이 그것이다. 부네탈은 눈과 입뿐만 아니라 얼굴 전체가 웃고 있다. 모나리자와는 비교도 할 수 없을 만큼 아름다운 미소로 가득 차 있어 해부학적으로 보아도 전혀 뒤지지 않는다. 헤프지도 않으면서 비굴하거나 천박스럽지도 않은, 그야말로 온유하고 다정한 절제된 아름다움이 배어 나오고 있는 것이다.

'부네탈'의 미소

호감을 주는 웃음

웃음은 성공하는 데 꼭 필요한 요소다. 중국 속담에 '웃을 줄 모르는 사람은 상점을 열지 말라'는 말도 있다. 참으로 옳은 말이다. 웃음은 밑천도 들지 않으면서 엄청난 이익을 가져다준다. 그만큼 대인관계에서 웃음의 위력은 지대하다. 밝고 건강한 웃음은 어색한 사이에 친밀감을 형성하고 냉담해진 마음을 녹이기도 한다. 또 웃음은 격노함을 가라앉히고 분노를 진정시키며 우울증과 같은 정서장애를 치료하는 능력까지 갖고 있다. 그야말로 심신의 해독제인 셈이다. 하지만 상황과 장소에 어울리지 않은 웃음은 상대방에게 불쾌감을 주고 오해를 불러일으킬 수 있다.

보통 웃는 모습을 통해 그 사람의 성격을 파악할 수 있는데 한국인의 웃음을 유형별로 분류해보면 파안대소형, 사교형, 얌전형, 천진형, 부네탈형, 청순가련형 등 크게 여섯 가지로 나눌 수 있다. 파안대소형은 입안이 다 보이도록 시원하고 호탕하게 웃는 웃음으로 사극에 나오는 양반들의 환담에서 쉽게 볼 수 있는 웃음이다. 쾌활함과 명랑함이 보이며 마음을 활짝 열어놓은 듯한 웃음이지만 때에 따라 의도적이거나 진실성이 희박한 느낌 등의 오해를 불러올 수도 있다.

사교형 웃음은 정치가나 사업가에게서 자주 볼 수 있는 웃음으로 속마음과 상관없이 상대방이나 주변 사람들에게 보여주기 위한 웃음이다. 얼핏 보면 파안대소형처럼 보일 수 있으나 감정 표출의 정도에서 차이가 나며 실수를 감추거나 대충 넘어 가려는 듯한 부정적인 웃음으로 평가받기도 한다.

얌전형 웃음은 치아가 거의 가려진 채 입술로만 웃는 웃음 으로 조용하면서도 얌전한 느낌이 들어 보는 이의 마음을 감 미롭게 하는 웃음이다. 하지만 부정적으로 보면 내숭스럽다는 느낌을 줄 수 있다. 천진형 웃음은 치아는 물론 목젖이 보일 정 도로 얼굴 전체로 웃는 웃음이다. 웃음소리 역시 크고 명랑한 거침없는 웃음이다. 부네탈형 웃음은 마치 부네탈의 절제된 아 름다움과 부드러움이 배어 나오는 듯한 미소로 우아함과 기품 이 깃들어 있다. 마지막으로 청순가련형 웃음은 보는 사람들로 하여금 동정심을 유발시키거나 보호 본능을 일으키게 하는 미 묘한 웃음을 말한다.

웃음은 웃는 모양에 따라 느낌이 달라진다. 웃음이 모두 호 감과 따뜻함을 전달하는 것은 아니다. 웃는 모양에 따라 호감 이 가거나 오히려 거부감을 연출할 수도 있다. 웃는 모양은 크 게 다음의 네 가지로 분류할 수 있다.

첫째, 눈이 따뜻하게 웃는 웃음이다. 보는 사람에게 다정함 과 부드러움을 느끼게 하고 정겨움을 느끼게 한다.

둘째, 눈빛이 강하거나 웃지 않는 듯한 웃음이다. 이러한 눈 빛은 날카롭고 무섭다. 눈빛이 날카로우면 경계심이 생기게 되 고 특히 첫인상에서 오해를 받기 쉽다. 요즘 사회적인 문제 중 하나인 학원 폭력을 이야기할 때 '괜히 쳐다본다'는 이유에서 폭력을 행사한다고 하는데 그 오해가 여기 포함된다.

셋째, 구각(양쪽 입 끝)이 위로 올라가는 웃음이다. 야무진 인상으로 보이며 당당하고 호감이 가는 웃음이다. 통계상 윗니가 열 개 정도 보이는 웃음이 가장 호감이 간다고 한다.

넷째, 구각이 아래로 처진 웃음이다. 이 웃음은 보는 사람으로 하여금 비웃음이나 부정적인 웃음으로 보일 가능성이 있어 오해가 생길 수 있다.

따라서 다정하게 눈이 웃고 있으며 구각이 위로 향한 웃음이 모든 사람에게 호감을 준다고 할 수 있다.

인간이 태어날 때 첫 번째로 하는 표현은 웃음이 아닌 울음이다. 아기들은 울음을 자기표현이나 의사소통의 수단으로 삼는다. 그리고 태어난 후 몇 달이 지나서야 비로소 조금씩 웃기 시작한다. 그마저도 웃음이 아니라 배냇짓이라는 주장도 있는데 그래도 모양은 웃음에 가깝다. 그러므로 인간의 웃음은 순수 자연발생적인 것이 아니라 내·외부 자극에 따른 의도적인 표현이라고 볼 수 있다. 만들어진다는 것이다.

아름다운 웃음도 타고나는 것이 아니라 만들어지는 것이다. 호감을 주는 아름다운 웃음을 갖기 위해서는 내적인 아름다움이 바탕에 깔려 있는 상태에서 외적인 얼굴근육 운동이 병행되어야 한다. 내면에서 우러나지 않고 억지로 만들어진 웃음은 보는 사람들에게 거부감을 주거나 경계심을 불러일으키는 역효과를 초래할 수 있다.

웃음의 효과

웃음의 효과는 여러 가지가 있는 것으로 연구되고 있는데 그중 몇 가지를 제시하면 다음과 같다. 첫째, 웃음은 만병의 근원인 스트레스를 날려버린다. 가장 간단하게 스트레스를 물리치는 방법은 '우선 웃는 것'이다. 이는 걱정 따위의 불쾌한 감정을 웃음으로 상쇄시키는 것을 의미한다. 자연스러운 미소는 광대뼈 주위의 대관골근과 눈 주위에 있는 안륜근의 수축을 일어나게 하는데 이 근육을 조합하면 이것이 바로 뇌에 피드백된다. 그러면 뇌 안에서 그 표정에 상응하는 감정을 일으키는 프로그램을 불러내어 미소가 일게 되고 결국 즐거운 감정이 만들어지는 것이다.

이와 관련된 재미있는 실험으로 심리학자 프리츠 스트랙(Frits strack)의 연구 보고(1988)가 있다. 부정적인 정서를 만들기 위해 실험자에게 입술로만 펜을 물고 있도록 했더니 뾰로통하게 입을 내밀고 있는 상태가 만들어졌다(그림A). 이번에는 치아를 이용해 펜을 물게 했는데, 이때는 활짝 웃을 때와 같은 근육 상태가 되었다(그림B). 그리고 실험자에게 각 경우의 기분을 보고하도록 했다. 그랬더니 대부분의 실험자가 치아로 펜을 물고 있었을 때 훨씬 기분이 좋았다는 보고를 한 것이다.

이 실험으로 우리는 표정이 감정을 만들어낼 수 있음을 알 수 있으며 행복해서 웃는 게 아니라 웃어서 행복하다는 말을 이해할 수 있게 된다. 주변에 재미있는 일이 없다면 펜이나 젓

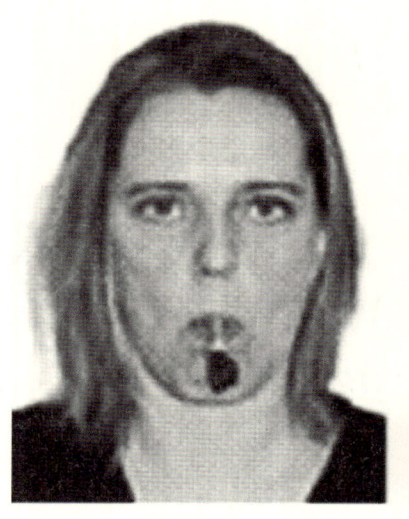

그림A   그림B

가락을 앞니로 물어서라도 억지로 미소를 짓고 크게 소리 내어 웃어보자.

둘째, 웃음은 면역력을 강화시킨다. 웃으면 뇌 안의 모르핀이라고 일컬어지는 베타 엔돌핀이 분비된다. 이 베타 엔돌핀은 통증을 완화시키는 역할을 하기도 하고 기분을 좋게 만들기도 한다. 또 '배꼽을 잡고 웃는다'고 말할 정도로 크게 웃는 경우엔 몸의 근육 650개 중 230여 개가 움직인다고 한다. 이러한 움직임은 5분 동안 에어로빅 운동을 하는 효과와 맞먹는 것이다. 그리고 이렇게 크게 웃을 때는 횡격막이 위아래로 움직여 폐활량도 좋아지고 혈중 산소도 두세 배 증가해 뇌로 보내지는 산소 공급량도 함께 증가하여 정신도 맑아진다고 한다. 특히 웃음은 부교감신경을 자극해 심장을 천천히 뛰게 하고 몸 상태를 편안하게 해주는 역할을 한다. 또 폭소는 긴장을 이완시켜주고 혈압을 낮추며 혈액순환을 돕고 질병 저항력을 기르는 데

탁월한 효과가 있다고 한다.

셋째, 웃음은 생산성을 높인다. 필자가 모 방송 프로그램에서 50회 이상 토크쇼를 했는데 그 동기는 다름 아닌 담당 프로그램 작가의 웃음소리 때문이었다. 처음 방송 섭외를 해올 때 대부분의 작가들은 약간 긴장한 듯한 느낌을 주기 쉬운데 당시 그 프로그램의 작가는 처음부터 활짝 웃으면서 친근하게 말을 걸어왔고 그래서 필자는 흔쾌히 출연 약속을 했다. 그 작가는 문자나 메일을 주고받을 때도 빼놓지 않고 '크하하하'라는 큰 웃음글씨를 쓴다. 그 '크하하하'가 신선한 자극제가 되어 거의 1년 가까이 롱런 방송을 하고 있는 것이다. '웃음은 좋은 피를 만든다' '당신이 웃고 있는 한 위궤양은 악화되지 않는다' '웃음은 전염된다' 등의 격언이 웃음의 파워를 말해주고 있는데 필자는 여기 이런 구호를 덧붙이고 싶다. '웃고 살면 인생대박! 징징 짜면 인생쪽박!'

사람들은 누구나 성공하기를 원한다. 그렇다면 호감 주는 느낌을 제공해야만 한다. 그 느낌을 가장 쉽게 이끌어내는 방법은 바로 멋진 웃음을 보여주는 것이다. 성공하기 원한다면 하회탈을 보라. 조상님이 물려주신 멋진 표정과 웃음을 배워라. 그리고 지금 당장 거울 앞에 서서 아름다운 웃음을 만들어보라. 웃음이 없는 얼굴에는 어두움이 찾아든다.

얼굴 표정은 그 사람의 마음 밭에서 싹트고 자라나는 것이다. 밝고 좋은 표정을 가지려면 우선 마음 밭을 곱게 일구어야 한다. 그리고 자신이 처한 어려운 상황을 보지 말고 자꾸 희망을 보아야 한다. 세상에서 가장 아름다운 웃음은 '그럼에도 불구하고 웃는 웃음'이다. 도저히 웃을 수 없는 상황에서 만나는 사람들에게 정겨운 웃음을 선사하는 사람이야말로 보는 이의 마음을 감동으로 안내하는 것이다. 만약 그게 정말 어렵다면 다른 이의 묘지를 보라. 살아 있다는 것 자체가 즐겁고 행복한 일 아닌가!

성공의 지름길, 친절

밝은 웃음이 꽃이라면 그 열매는 친절한 행위라고 말할 수 있다. 사회생활을 하다보면 흔히 두 종류의 사람들을 보게 되는데 친절한 사람, 그리고 불친절한 사람이다. 거래 관계에 있어서도 손님이 반말을 하는 경우와 직원이 불친절한 경우가 있다. 이때 어느 한쪽에서 '그럼에도 불구하고' 친절하게 대응을 하면 일단 문제는 사라지는데, 어떤 경우이든 친절한 쪽이 마지막 승자가 된다. 그러나 둘 다 그런 꼴로 각을 세우면 결국 양자 모두 상처만 남는 패자가 된다.

현대는 친절한 사람이 성공하는 시대다. 그렇다면 모든 사람에게 친절한 사람이 성공의 조건을 품고 있다는 의미도 된다. 모든 사람에게 친절하기 위해서는 우선 가까운 사람에게 친절해야 한다. 선진국의 국민들은 다른 사람과 마주쳤을 때 누가 먼저랄 것 없이 자연스럽게 인사를 나눈다. 그러나 우리나라 사람들은 대부분 다른 사람과 마주쳤을 때 재빨리 시선부터 피한다. 그러다보니 점점 모르는 사람이 많아지게 되고 본의 아니게 '걸어다니는 에어컨'이 되어 찬바람만 일으키는 사람으로 각인된다. 내부에서부터 친절해야 밖에서도 자연스런 친절이 나오는 법이다.

만나는 모든 사람에게 호감을 줄 수 있는 보편적인 방법이 바로 친절이다. 친절은 성공을 부르는 묘약으로 개인이나 그 사회의 성숙도를 나타내는 지표가 되기도 한다. 그러고 보니 요즘은 어디를 가나 '친절, 서비스, 고객만족'이란 구호가 유행처럼 걸려 있다. 자기가 맡은 일만 잘하면 될 텐데 굳이 친절해야 하는 이유가 무엇이냐 반문하는 사람들도 있을 것이다. 그 이유는 간단히 세 가지로 정리할 수 있다.

첫째, 친절은 대인관계의 윤활유이기 때문이다. 엔진오일 없이 자동차가 달리면 자동차가 열을 받게 되는 것처럼 친절이 없는 인간관계 또한 열을 받는다. 생각과 습관이 전혀 다른 사람들과의 만남에서 마찰이 생기는 것은 당연한 일이다. 친절은 열 받을 수밖에 없는 사람과 사람 사이의 관계를 매끄럽게 해주는 효과가 있다.

둘째, 친절은 돈이기 때문이다. 얼마 전에 한 매장에서 인상 깊은 광경을 본 적이 있다. 그곳에서 일하는 직원들의 명찰에는 만 원짜리 지폐가 꽂혀 있었고 그 밑에는 "제가 친절하지 않으면 이 돈을 빼가세요"라고 쓰여 있던 것이다. 친절이 곧 돈이 될 수 있다는 생각이 들었다. 친절한 마음은 매출을 늘려줄 뿐만 아니라 모든 사업을 성공으로 이끄는 견인차 역할을 하기 때문이다. 또 친절은 전염성이 매우 강하기 때문에 상대방의 마음을 열게 하고 주변 사람들까지 행복하게 한다. 따라서 대인관계에서 반드시 필요한 도구다. 성공한 사람들의 대인관계에서 친절함이 배제된 경우를 본 적 있는가? 친절해서 성공했다는 얘기는 많이 들어봤지만 불친절해서 성공했다는 얘기는 들어본 적이 없다.

셋째, 친절은 방법이 아니고 능력(talent)이기 때문이다. 아무리 능력이 뛰어난 사람도 친절하지 못하면 능력을 인정받지 못한다. 친절하지 못하면 자신의 능력을 발휘할 틈이 없는 것이다. 친절은 다른 사람을 기분 좋게 해주기도 하지만 따지고 보면 자신의 가치를 올리는 매우 중요한 일이다.

진심이 담긴 친절

그렇다면 친절한 사람이 되려면 어떻게 해야 할까?

첫째, 자기존중감이 높아야 한다. '자기를 사랑하는 것처럼 남을 사랑하라'는 『성경』의 말은 자기사랑이 전제된 상태를 인정하라는 의미다. 자신을 귀하게 여길 줄 모르는 사람은 절대 남을 귀하게 여길 수 없다는 뜻이다. 세상에 하나밖에 없는 자신을 스스로 무시하거나 우습게 여기면 그것은 '자기비하'이고 한편으론 조상을 무시하는 일도 된다. 친절의 원동력은 '자기존중감'에서 나온다.

둘째, 저장을 잘 해놓아야 한다. 제아무리 성능 좋은 컴퓨터라 해도 저장한 것 이외의 정보는 꺼낼 수 없는 것과 마찬가지다. 친절한 행동은 어디까지나 밖으로 나타나는 현상일 뿐이다. 중요한 것은 본질이다. 생각과 마음에 무엇이 담겨 있느냐에 따라 그 사람의 행동이 달라지는 것이다. 좋은 이야기나 좋은 음악을 많이 들어야 하고, 좋은 책을 많이 읽어야 하는 이유가 여기에 있다.

셋째, 연습과 훈련을 해야 한다. 어느 분야에서든 달인이 되기 위해서는 연습과 훈련이 필수다. 연습과 훈련은 가정에서부터 시작해야 한다. 그리고 가능하다면 유치원에서부터 대학에 이르기까지 교양과목으로 채택해 일찍부터 훈련되었으면 좋겠다. 친절이 무엇인지도 모르고 이미 굳은 상태로 기업에 입사한 성인들에게 갑자기 친절을 요구하니 당연히 무리가 따르는 것이다.

성공인의 이미지 가운데 가장 눈에 띄기 쉬운 이미지가 바로 친절한 이미지이고, 그중에서도 가장 실천하기 쉬운 것이 바로 친절하게 인사하는 일이다. 모든 만남은 인사에서 시작하고 인사로 마무리된다. 친절도 마찬가지다. 어른이나 아이 할 것 없이 먼저 인사하면 된다. 전제 조건은 당연히 밝은 표정이다. 인상 쓰고 다가오는 사람을 반길 사람은 아무도 없다. 친절은 쌍방향이기 때문이다. 또 친절에는 어색함이나 불편함을 한순간에 녹여버리는 위력이 있고 가까이하고 싶게 만드는 마력이 있다. '친절하게 거절하는 것이 마지못해 해주는 것보다 낫다' '친절은 사회를 하나로 묶는 황금사슬이다'라는 속담을 음미해

볼 필요가 있겠다.

넷째, 고객을 진짜가족으로 생각해야 한다. 요즘 어딜 가나 '고객은 가족이다'라는 구호가 많이 붙어 있다. 참 좋은 현상이다. 그런데 고객을 대하는 교육은 다소 잘못되어 있는 것 같다. 왜 서비스 현장에 가면 90도로 인사를 하게 하는 걸까? 혹시 이 책을 보고 계신 분 중에 오늘 저녁 집에 가서 가족에게 90도로 인사하는 분이 계실까? 진짜 가족한테는 하지 않는 행동을 왜 고객이라는 가족한테 하는가 말이다. 이는 진짜 가족과 가짜 가족을 구별하는 일이라고밖에 설명할 수가 없다.

길거리에서 우연히 십 년 만에 보는 고향 친구를 만났다고 가정해보자. 부둥켜안고 반가워해야 정상이 아닐까? 반가움을 표현하는 것도 좋지만 필자는 90도로 허리 굽혀 인사하는 모습을 보면 오히려 불편해진다.

친절은 규격화된 행위가 아니라 마음에서 우러나오는 태도이다. 그러니까 기업에서 직원을 채용할 때 애초에 친절 마인드가 풍성한 사람을 뽑든가, 아니면 교육으로 바로잡아야 하는데 그 교육에서도 규격화된 행동훈련이 우선이 아니라 마음교육, 즉 이미지 메이킹의 본질인 마인드 메이킹(mind making)이 먼저라는 것이다. 사회는 친절한 사람을 원하고 있다. 친절은 능력의 옷이다.

열등감에서 탈출하라

열등감의 발전

성공하는 사람들의 공통적인 특성 가운데 하나는 자신감이 넘친다는 것이다. 그런데 그러한 자신감을 위축시켜 마침내 포기하도록 유도하고 실패의 구덩이로 초대하는 것이 바로 열등감(inferiority complex)이다. 열등감이란 자신의 발전 가능성에 대해 심리·정서적으로 불안정한 상태, 즉 자신감의 훼손을 의미한다. 열등감은 인간의 전 생애에 걸쳐 다양한 형태로 삶에 영향을 미친다. 그리고 동일한 원인에서 형성된 열등감이라 할지라도 개인의 특성에 따라 다양한 형태로 나타날 수 있다.

열등감은 오스트리아의 정신의학자인 알프레드 아들러(Alfred

Adler)가 독자적으로 수립한 이론체계인 개인심리학의 기본개념이다. 인간은 자기 안에 존재하는 열등한 요소를 인정하지 않으려는 경향이 있으며 그것이 억압되어 일종의 콤플렉스로 작용한다는 것이다. 아들러는 열등감을 열등감, 병적 열등감, 유기체적 열등감의 세 가지로 구분한다. 첫째, 열등감은 유아기에 나타나는 부적절과 부족, 무능력의 느낌으로 우월을 향하려는 동기의 근본이 된다. 둘째, 병적 열등감은 자신이 타인보다 열등하다는 생각에서 오는 뿌리 깊고 지속적인 감정으로 흔히 잘못된 태도와 행동으로 연결된다. 셋째, 유기체적 열등감은 선천적으로 약하거나 부족한 신체기관 또는 신체기능에서 비롯되는 열등감을 말한다. 학자들은 열등감의 원인을 크게 선천적 요인과 후천적 요인으로 구분하고 후천적 요인은 다시 내적 요인과 외부 환경 요인, 즉 가정과 사회·문화 요인으로 나누고 있다.

열등감은 크게 절대적인 것과 상대적인 것으로 나눌 수 있다. 첫째, 절대적인 열등감은 선천적이거나 이미 바꿀 수 없는 상황으로 결정되어진 열등한 상태를 의미한다. 둘째, 상대적인 열등감은 어떤 특정한 환경이나 상황에서 경쟁심과 비교로 비롯된 부정적인 판단이다. 반복되는 실패와 한계를 경험하게 되면 보통 점점 더 깊은 불안감과 열등감에 휘말리게 되고 자신을 비하하거나 자기혐오에 이르기도 한다. 또 자신의 장점보다는 단점이 점점 커져 보이게 되어 다른 사람과 비교하고 위축되는 습관이 생기는데, 이는 매사에 자신감이 결여되는 상황으로 발전하게 된다. 결국 열등감으로부터 벗어날 수 없게 되는 것이다.

하지만 긍정적인 방향으로 활용할 경우 열등감은 성공의 원동력이 되는 자극제가 될 수 있다. 하지만 대부분의 사람들, 특히 청소년들에게 있어 열등감은 성장 발전의 자극제라기보다 악성 바이러스와 같은 부정적인 역할로 작용하여 실패의 늪으로 인도하기 쉽다.

아들러는 신체·정신적 결함 때문에 열등감에 빠졌을 때 이 열등감을 보상하기 위해 여러 가지 사회적 징후가 나타나는데, 그 증후를 크게 공격성과 후퇴성으로 구분하였다. 공격 성향은 다양하게 표현되는데 우선 자신이 도달하지 못한 목표를 평가절하 한다든지 자신의 업적을 높게 평가하고 자신의 우월함을 나타내기 위해 다른 사람의 업적을 낮게 평가한다. 일반적으로 공격 성향을 띠게 되면 자만, 허풍, 호언장담, 거만, 과장된 자기 자랑 등의 행동 특성을 나타내며 자신이 이루어야 하는 것에 대한 두려움을 강조하여 표현하는 경향이 있다.

후퇴적 성향은 후퇴의 방법을 동원한 행동으로 자존감을 보호하고 권력과 가치 명예를 유지하기 위한 소극적 행동양식을 말한다. 이러한 행동은 더 이상 위신과 명망을 잃지 않기 위해 실패를 가져올 수 있는 위험을 내포한 어떤 상황을 회피하거나 무시하는 경우에 발생한다. 수반되는 행위들로는 공동체나 사람들의 요구에 대한 방어, 두려움, 의심, 폐쇄, 소심, 낙담, 주저, 은거 등이 있다.

열등감은 기본적 욕구가 충족되지 않음으로써 생기는 긴장의 한 형태로도 볼 수 있으며 이런 긴장이 발생했을 때 개인의 반응 행동의 결과는 이의 보상, 만회의 추구와 관련하여 자아신장, 능력증진 등 긍정적인 힘으로 나타나기도 한다.

또 때로는 심한 좌절감과 자아비하, 자포자기, 사회적 은둔, 고립, 도피 등의 형태로 나타나기도 하며 경우에 따라 부당한 공격행동 등 부정적 형태로 나타난다는 견해도 있다. 같은 상황과 여건에서 비슷한 열등감을 가진 사람일지라도 나타내는 징후와 표현 방식은 제각기 다르다.

열등감의 표출

심리학자 하머체크(Hamachek)는 열등감의 징후를 다음의 일곱 가지로 요약하고 있다.

첫째, 비난에 대한 민감성이다. 열등감에 빠진 사람은 자신의 약점이 지적되는 것을 좋아하지 않는다.

둘째, 아첨에 대한 과잉 반응이다. 열등감에 빠진 사람은 불확실과 불안정감에 대해 더 큰 안정을 얻으려 하기 때문에 아첨과 칭찬에 집착한다. 아첨이나 칭찬에 대한 반응으로는 얼굴이 붉어지며 어쩔 줄 몰라하는 것을 들 수 있다.

셋째, 혹평적인 태도다. 자신의 약점으로부터 방향을 돌리려는 의도이며 방어이기도 하다. 아첨은 성격상 방어적인 것이고, 혹평은 공격적이며 열등감을 적극적으로 격퇴하려는 수단인 것이다. 혹평은 우월 의식을 낮게 하고 열등감을 속이려는 환상에 의존한 행동이다.

넷째, 남을 비난하려는 경향이다. 개인적인 약점과 실패가 타인에게 투사될 때마다 자신의 실패 원인을 타인에게 돌리게 되고 이는 직접적인 비난을 이끌게 된다. 실제로 타인을 비난하여 끌어내리고 자신을 위로 올려놓고 싶은 일종의 심리적 도르래 시스템이 작동되는 것이다.

다섯째, 박해받는다는 느낌이다. 자신의 불행의 원인을 타인이 자신을 실패하도록 했기 때문이라 보고 타인을 비난하는 감정을 뜻한다. 예를 들어 한 회사원이 승진에서 누락되었다면 그 회사원은 상사가 자신을 싫어하거나 반대하기 때문에 배제시켰다고 믿을 수 있으며 그렇게 함으로써 실패가 자신만의 책임이 아니라는 위로를 갖게 한다.

여섯째, 경쟁에 관한 부정적인 감정이다. 열등감에 빠진 사람은 다른 사람들과 마찬가지로 경쟁에서 승리하기를 열망하지만 승리에 대해서 거의 확신이 없다. 따라서 이들은 경쟁적인 상황에 참여하려 하지 않고 두려워하고 머뭇거리는 태도로 물러서 있으려는 경향이 있다.

일곱째, 은둔적이고 수줍어하고 겁이 많은 경향이 있다. 열등감은 대개 어느 정도의 공포심을 동반한다. 열등감에 빠진 사람은 자신을 드러내지 않으면 자신의 결점이 덜 보일 것이라 생각하고 자신을 숨기려는 경향이 있다. 예를 들어 공부에 자신이 없는 학생들이 교실 뒤쪽으로 가서 앉는 것이다.

열등감의 극복

　더불어 사는 삶에서 열등감이 없는 사람은 거의 없다. 자신의 열등감을 어떻게 극복하느냐의 차이가 있을 뿐이다. 열등감에는 두 가지 특징이 있다. 하나는 객관성이 없다는 것이고 하나는 다른 사람들에겐 전혀 의미가 없다는 점이다. 열등감의 진정한 이유는 전혀 다른 데 있을 수 있다. 때로는 과거의 상처 같은 경험에 사로잡혀 있는 경우도 있다. 그리고 그 열등감을 숨기려고 하는 행동이 다른 사람에게 영향을 주거나 오해를 불러일으키기도 한다.

　요즘 '학력파괴'라는 말이 유행하고 있다. 그만큼 우리 사회에 학력에 대한 열등감이 만연되어 있다는 증거다. 외모에 대한 열등감도 만만치 않다. 성형수술도 유행처럼 번지고 있다. 그러나 성형수술을 도깨비방망이 정도로 여긴다면 크나큰 오산이다. 만약 모두 원하는 대로 바꿀 수 있다고 한다면 문제는 더욱 커진다. 어떤 여성이 멋지게 치장하고 모임에 나갔는데 거기 온 사람들이 모두 똑같은 옷을 입고 나타난다면 아마 어디로 숨어버리고 싶은 심정일 것이다. 하물며 만나는 사람들의 생김새가 모두 유명 연예인의 모습과 똑같다면 어떨까? 생각만 해도 끔찍한 일이 아닐 수 없다.

　열등감은 우리에게 두 갈래 길을 제시한다. 하나는 성공으로 가는 길이고 또 하나는 실패의 늪이다. 선택은 자유이지만 결과는 너무 다르다.

사람들에게 인정받고 있는 주인공들에게는 공통점이 있다. 자신의 열등감을 이용해 성공했다는 점이다. 못 배웠으니 더 배우려고 노력했고, 가정 형편이 어려워 더욱 열심히 일했으며 불우한 환경에서 자라났기 때문에 베푸는 삶을 살게 되었고, 또 몸이 온전치 못했기 때문에 남들보다 몇 배 더 노력을 했다. 실패의 조건을 가지고 있었지만 오히려 그것을 성공의 밑거름으로 바꾼 것이다.

반대로 열등감은 사람을 파멸의 길로 인도하기도 한다. '나같이 무능한 사람이 무엇을 할 수 있겠나?'라는 식의 자포자기는 사람을 의기소침하게 만들고 무기력한 사람으로 바뀌게 한다. 자포자기의 종착역은 언제나 파멸이다. 자신의 단점을 떳떳하게 드러내고 스타가 된 사람들처럼 '나의 약점이 다른 사람에게는 원하는 것이 될 수 있다'는 평범한 진리를 깨달아야 한다.

열등감을 아주 쉽게 극복하는 방법이 있다면 그것은 자신의 무거운 열등감 덩어리를 통째로 내려놓는 것이다. 아무도 알지 못하는 나만의 고통덩어리를 미련 없이 던져 버리기만 하면 끝나는 일이다. 상처를 입은 맹수는 상처를 감추기 위해 더욱 포악해진다고 한다. 자신의 부족한 점을 보완해 장점으로 바꾸는 용기가 필요할 뿐이다. 열등감도 활용만 잘 하면 훌륭한 성공의 무기가 된다.

공감소통의 테크닉을 키워라

상황에 맞는 말

현대인에게 휴대전화는 신체의 일부처럼 잠시도 떼어놓을 수 없는 존재다. 그래서 생긴 신조어가 노모포비아(Nomophobia) 증후군이다. 휴대전화가 없으면(No mobile) 불안해하는 증상 (Phobia)을 일컫는 말이다. 단순히 개인 간의 전화통화가 목적이었던 휴대전화의 기능이 점점 다양해지고 있어 그 영역이 어디까지 미칠지 짐작할 수도 없을 만큼 휴대전화는 경쟁적으로 진화하고 있다. 물론 소통의 훌륭한 무기가 생긴 것 같아 든든하고 흐뭇할 때가 많다. 그러나 무기가 제아무리 좋아도 사용하는 실탄 자체가 제 기능을 발휘하지 못하면 그 무기는 무용지

물이 되고 만다. 여기서 말하고자 하는 실탄은 바로 공감소통의 테크닉이다.

대인관계에서 소통능력은 개인의 성공뿐만 아니라 공동의 목표를 달성하는 데 필요불가결한 가치다. 더구나 상대방으로 하여금 공감을 불러일으키는 대화의 테크닉은 누구나 쉽게 가질 수 없는 능력이다. 그래서 현대인들은 비싼 투자를 감안하고라도 스피치 공부에 나선다. '나도 말을 잘하고 싶다'는 희망 때문이다.

'말은 사상의 옷이다' '말은 사상의 표현이다' '말은 마음의 그림이다'라는 속담들이 있다. 말은 생각이나 마음을 나타내는 것이다. 그리고 생각이나 마음은 바로 그 사람이다. 사람은 생각하는 바를 넘을 수 없기 때문이다. 또 말은 혼자서 하는 독백이 아니므로 반드시 상대가 있어야 하고 전달하거나 표현하려는 내용이 있으므로 그 내용에 적합해야 한다. 그리고 그 당시의 상황과 분위기, 여건 등에도 적합해야 한다.

먼저 대상에는 성별이나 지위 또는 연령 등을 고려해야 될 것이다. 여성언어와 남성언어에도 약간의 차이가 있고 상위자와 하위자에 따라 표현이나 어휘 선택에 차이가 있다. 연장자와 연하자에 따라서도 다르지만 같은 경우라도 서로의 친밀도에 따라 또다시 달라진다. 물론 그 대상이 개인인지 소수인지 아니면 대중인지에 따라서도 달라진다. 내용 또한 단순한 정보인지 심오한 진리와 고도의 전문성을 띠는 지식인지에 따라, 또 좋은 뉴스인지 슬픈 소식인지에 따라 각각의 경우 표현과 어휘, 자세 등에서 차이가 나게 마련이다.

누군가를 칭찬하는 말이나 질책하는 말에는 더 큰 차이가 있을 것이고, 사람을 웃기는 유머나 그냥 소일하기 위한 대화는 또 다른 차원이다. 다정한 이야기, 사랑 고백, 죄스러움의 표현, 부탁을 하는 상황 등 어느 경우에든 그에 맞게 어울리는 말을 하기란 그리 쉽지 않다. 특히 협조를 구하거나 질책하는 경우의 대화는 더욱 어렵다. 같은 단어를 쓰지만 대화의 내용에 따라 억양이나 음색, 신체적 자세 등이 함께 달라짐은 두 말할 나위가 없다.

말이 많으면 몸을 해친다(노자). 물고기는 언제나 입으로 낚인다. 사람도 역시 입으로 걸려든다(탈무드). 말은 칼보다 더 날카로운 무기다(포킬리데스). 가루는 칠수록 고와지고 말은 할수록 거칠어진다(한국 속담). 이런 격언들은 모두 말의 폐해를 표현한 것이다. 말을 잘못 했을 때 입는 피해는 계산이 불가능하다. 일단 표현된 말은 지울 수가 없다. 흔히 하는 말로 엎질러진 물은 다시 주워 담을 수 없다는 표현도 있다. 탈무드에서는 사람은 입이 하나요 귀가 둘이므로 말하기보다 듣기를 배로 하라고 한다. 상황에 어울리는 말을 한다는 것은 참으로 지혜를 요구하는 것이어서 언제나 어렵다. 경우에 맞는 말을 찾아 오해 없이 전달되도록 항상 주의해야 하기 때문이다.

누구에게나 호감을 주는 사람들은 말씨부터가 다르다. 호감을 주는 '말씨'와 거부감을 주는 '말투'의 차이를 구별할 줄 모른다면 성공은 이미 묘연해진 것이나 다름없다.

소통의 시작

　그렇다면 어떻게 해야 공감소통의 테크닉을 터득할 수 있을까? 대화를 통한 소통방법에서 적극적 경청(active listening)은 단연 우선순위를 차지한다. 최고의 설득은 경청에서 시작된다는 말이 있다. 다른 사람의 이야기를 잘 들어주기만 해도 충분히 내 편을 만들 수 있게 된다. 설득력이 강한 사람일수록 적게 말하고 많이 듣는다. 말을 많이 하는 사람은 꺼려하고 자신의 말을 잘 들어주는 사람에게 호감을 느끼게 되어 신뢰감이 커진다는 인간의 심리를 잘 알고 있기 때문이다.

　말을 잘하는 사람이 되려면 우선 듣는 사람이 되어야 한다. 좋은 화술자가 되기보다는 훌륭한 경청인이 되는 것이 훨씬 효과적이다. 경청은 당장 배워 실행할 수 있기 때문이다. 적극적인 경청은 말없이 상대방을 설득하는 수단이다. 한국인은 평균 1분당 250~300자 정도의 속도로 말을 한다고 한다. 그리고 듣는 속도는 1분당 1,000~1,500자 정도라고 한다. 상대방의 말을 듣는 것이 정보 확보 차원이나 대인관계의 정서 측면에서 공감대 형성을 하기에 훨씬 유리한 구조임을 알 수 있다.

　말하는 방법에는 세 가지 유형이 있다. 첫째, 사실(fact)만을 이야기한다. 둘째, 의견(opinion)도 이야기한다. 셋째, 감정(emotion)까지 포함하여 이야기한다. 이 세 가지 가운데 가장 공감을 불러일으킬 수 있는 방법은 세 가지를 모두 포함해서 말하는 방법이다.

설득력 있는 음성도 중요하다. 설득력의 요인은 여러 가지가 있겠으나 그중에서도 '화안애어(和顏愛語)'라는 말을 유념할 필요가 있다. 얼굴을 화평하게 하고 말을 부드럽게 한다는 뜻이다. 즉 환하게 웃는 얼굴을 하고 맑은 목소리로 말을 부드럽게 하여 모두를 밝고 행복하게 만들라는 의미이다. 또 음성의 종류로 볼 때 큰 목소리는 주목을 끌기에는 유리하나 상대방의 감성과 이해를 촉구하는 상황에서는 조용하고 낮은 음성으로 말하는 것이 효과적인 경우가 많다.

대화에서 가장 중요한 것은 시선처리(eye contact) 방법이다. 대화를 할 때는 자연스럽게 상대방의 어딘가를 바라보면서 이야기를 하게 되는데, 그중에서도 상대방의 눈을 보며 대화하는 방법이 가장 중요하다. 대화 중 상대방의 눈을 피하거나 이리저리 다른 곳을 쳐다보면 무언가를 숨기고 있는 것처럼 불안한 느낌을 주게 된다. 그렇다고 처음부터 끝까지 눈만 쳐다보고 있을 수는 없기 때문에 눈과 코, 입 주변과 목 부위를 자연스럽게 번갈아 보면서 대화하는 것이 바람직하다.

상대방의 이름을 불러주며 대화하는 방법도 호감을 불러일으킨다. 처음 만났거나 오랜만에 만나서 알듯 말듯 한 사람이 내 이름을 정확하게 불러주며 반길 때 그 사람에 대한 호감이 갑자기 증폭되는 현상을 경험한 적이 있을 것이다. 이름을 잘 기억하는 특정 사람의 타고난 재능이라고 치부하기엔 너무나 아까운 노하우다.

그렇다면 이름을 잘 기억할 수 있는 특별한 방법에는 무엇이 있을까? 첫째, 처음 만나는 순간부터 상대방의 이름을 세 번 이상 불러준다. 명함을 받는 순간 어물쩍 집어넣지 말고 상대방의 얼굴을 보면서 명확하게 읽는다. 혹시 잘 모르는 한자일 때는 무슨 뜻의 글자인지 바로 확인하는 것도 좋다. 이름을 지을 때 흔히 쓰지 않는 어려운 한자를 넣는 경우가 많기도 하지만 이러한 과정을 통해 상대방에게 깊은 관심을 갖고 있다는 느낌을 줄 수도 있기 때문이다.

둘째, 그 사람만의 특징을 기억해둔다. 머리부터 발끝까지 그 사람만의 특이점을 이름과 연계하여 기억해두는 것이다. 굳이 장단점을 가릴 필요는 없겠지만 이왕이면 긍정적인 면을 기억하는 것이 상대방의 장점을 찾아준다는 의미에서도 효과적이다. "목소리가 매력적인 아무개 씨!" "눈이 예쁜 아무개 씨!" 등이 예가 된다. 이때 유의할 점은 그 사람의 고유한 점을 입력해야 한다는 것이다. '단발머리가 어울리는 아무개' 정도로 입력했다가 그 사람이 나중에 긴 머리를 하고 나타났을 때 자칫 몰라볼 수도 있기 때문이다.

셋째, 그날 만난 사람들을 기록해두는 일이다. 받은 명함을 명함꽂이에 넣어 두고 빛이 바랠 때까지 한 번도 꺼내 보지 않는 경우가 많은데 그러면 명함을 주고받는 의미가 없다. 그날 만난 사람의 이름을 수첩에 날짜별로 기록해두는 습관을 길러야 한다. 물론 이름과 함께 그 사람의 특징을 함께 기록해두는 것이 중요하다. 간혹 잊어버리더라도 기록을 보면 다시 떠올릴 수 있기 때문이다. 반대로 상대방이 나를 잘 기억할 수 있도록 명함에 사진이나 캐리커처를 넣는 방법도 권장할 만하다.

넷째, 관심의 끈을 끊지 않는 것이다. 만날 때는 반갑게 인사를 나눴는데 헤어지고 나면 언제 만났느냐는 식으로 잊히는 만남이 많다. 자신에게 도움이 될 것 같거나 사귀어두면 좋을 것 같은 사람을 제외하고는 관심 밖으로 밀어두기 때문이다. 어찌 보면 누구와 만나고 관계를 존속시키는 일이 자신의 이기심으로부터 비롯되는 것은 아닌가 하는 생각이 들기도 한다. 내게는 별 볼일 없어 보인 사람도 누군가에게는 대단히 중요한 사람일 수 있고, 더욱 중요한 사실은 나에게서 찾아볼 수 없는 독특한 장점을 그 사람은 가지고 있을 수 있다는 것이다. 성공하기 위해서는 상대가 누구든지 간에 사람과의 만남을 소홀하게 여기는 습관부터 버려야 한다. 지금 당장은 서로에게 도움이 되지 않더라도 연결의 끈이 썩지 않도록 어떤 방법으로든 가끔씩 연락을 취하는 게 좋다.

다섯째, 다시 만날 때 큰 소리로 이름을 불러주는 것이다. 관심과 반가움, 친근감과 호감을 주는 효과보다 더 중요한 것은 내가 상대방의 이름을 잘 기억하고 있다는 사실 자체다. 내가 상대방을 확실하게 기억하고 있다는 사실은 상대방의 가슴 속에 나에 대한 호감과 감동의 싹을 틔우는 데 가장 효과적인 무기가 될 수 있다.

칭찬의 기술

칭찬의 테크닉을 활용하는 것도 매우 유리한 방법이다. 우수한 인재나 유능한 적을 내편으로 만들기 위해 칭찬을 무기로 활용하는 방법은 전략 중에서도 최고의 전략이다. 그런데 이렇게 훌륭한 칭찬의 전략도 테크닉이 부족하거나 실수가 있을 경우 자칫 역효과를 낼 수 있다. 칭찬할 때 조심해야 할 첫 번째는 무의미한 칭찬을 반복하거나 성의 없는 칭찬은 차라리 안 하는 편이 낫다는 것이다. 직장 상사나 웃어른을 칭찬해야 할 때, 특히 처음 만난 사람을 칭찬할 때는 더욱 각별히 신경을 써야 한다. 칭찬을 하기로 마음먹었다면 최대한 효과적으로 하라.

옛말에 '칭찬은 없는 데서 하고 욕은 앞에서 하라'는 말이 있다. 당사자가 없는 데서 욕을 하면 사람들의 입에서 돌고 돌아 나중에 큰 싸움이 나기 쉽다. 하지만 반대로 당사자가 없는 데서 칭찬을 하게 되면 입에서 돌고 돌아 상대방의 귀에 들릴 때 효과가 증폭되고 동시에 두 사람 사이의 신뢰가 형성되어 좋은 관계로 이어지게 되는 것이다. 또 칭찬은 여러 사람이 있는 곳에서 하는 것이 효과적이다. 훌륭한 일을 여러 사람에게 알리는 목적도 있지만 칭찬받는 사람의 입장을 배려하는 성의 있는 인상을 심어주는 것이다. 그리고 칭찬은 짧게 하는 편이 좋다. 칭찬이 길어지면 같은 말이 되풀이되기 쉽고 긴장감이 사라져 지루한 느낌을 주게 되고, 잘못하면 빈정거리는 듯한 느낌으로 오해를 살 수 있다.

크게 칭찬하는 것도 효과적이다. 벌이나 꾸중은 작게 끝내도 칭찬은 크게 하는 것이 좋다. 작고 사소한 일이라도 칭찬할 일이 있다면 주위 사람들이 다 들을 수 있도록 크게 칭찬해보자. 다만 칭찬을 받는 사람이 내향적이거나 지극히 소극적일 때는 민망해하거나 얼굴을 붉히지 않도록 유의할 필요가 있다. 아울러 칭찬은 즉시 하는 것이 좋다. 장소 여하를 가리지 말고 칭찬할 일이 생기면 바로 칭찬하는 것이다. 칭찬을 아끼고 있다 기회를 놓치거나 잊어버리기 쉽기 때문이다. 특히 적당한 꾸중과 함께 던지는 칭찬은 애정과 관심을 동시에 포함하기 때문에 더 큰 효과가 있다. 또 칭찬은 갑자기 하는 것이 좋다. 기대하지도 않았는데 받는 칭찬은 효과가 배로 늘어난다. 생각지도 않은 선물을 갑자기 받는 느낌을 주기 때문이다.

칭찬에 관한 실험 사례가 하나 있다. 여기서 심리학자들은 세 가지 방법으로 실험을 진행했는데 가장 효과적인 방법은 무엇인지 직접 찾아보기로 하자. 첫째, 칭찬으로 시작해서 칭찬으로 끝낸다. 둘째, 처음에는 단점을 지적하다가 나중에 칭찬한다. 셋째, 처음에는 칭찬하다가 나중에 단점을 지적한다. 무엇이 가장 효과적인 칭찬일까? 실험 결과 첫째 방법의 반응은 '나에게 무슨 속셈이 있나?' '이 사람 호락호락하군!'이라는 느낌을 주기 쉽다. 둘째 방법의 반응은 단점을 들을 때는 긴장하다가 칭찬을 받자 반전되어 호의적인 이미지를 얻게 되었으며, 셋째 경우의 반응이 가장 나쁘게 나타났다고 한다. 효과적으로 칭찬을 하려면 약간의 긴장감을 조성한 후 갑자기 하는 것이

들는 사람의 입장에서 가장 기분 좋은 칭찬이 된다.

공감소통에서 칭찬을 하는 방법도 중요하지만 칭찬받는 자세도 중요하다. 다른 사람들이 자신을 칭찬할 때 너무 겸손한 나머지 부정을 하거나 거부하는 것은 예의가 아니다. 칭찬에 담긴 뜻을 격려로 알고 진심으로 감사할 줄도 알아야 한다.

칭찬은 대인 관계의 비타민이다. 늘 상쾌한 기분을 만들어 준다. 남을 칭찬하는 데 인색하거나 심리적으로 싫어하는 사람들에게 괴테는 다음과 같이 말했다. "타인을 칭찬하는 일은 자신을 낮추는 일이 아니다. 오히려 자신을 상대방과 같은 자리에 올려놓는 일이다." 칭찬의 위력을 알고 싶으면 지금 옆에 있는 사람을 칭찬해보라. 바로 그 위력을 알 수 있다.

소통의 기법

공감소통의 방법으로 '핫 버튼(hot-button)'의 활용을 권한다. 대화법에서 '핫 버튼'은 핵심적인 말을 의미한다. 상대방의 말 속에 숨어 있는 핵심을 신속히 간파하고 대응하는 것은 대화의 키워드를 찾는 일이고 고객만족의 첫 번째 과제이기도 하다. 특히 시간에 쫓기는 상황에서의 만남이나 상대방을 설득해야 하는 상황이라면 빙빙 맴도는 말보다 핵심을 찌르는 한 마디 말이 훨씬 더 설득력이 클 수 있다.

맞장구를 잘 활용하는 사람도 공감소통을 만든다. 맞장구를 잘 활용하는 사람은 상대방을 호의적이고 즐겁게 만든다. 맞장구는 추임새와 같은 역할로 상대의 마음을 열게 하고 경계심을 누그러뜨려 사람을 신이 나게 만든다. 대화의 양념으로 작용하는 것이다.

그리고 '2-3-1' 화법도 효과적이다. 귀가 둘이니 상대방의 말을 두 번 듣고, 두 손과 입을 합쳐 세 번 맞장구를 쳐주고, 입은 하나이니 한 번만 말하라는 의미로 '2-3-1' 화법은 모든 대화의 기본이 된다. 두 번 듣고 세 번 맞장구를 쳐주면 상대방은 자연스럽게 마음속에 숨겨두었던 이야기를 꺼내게 되고, 그 사이에 자신은 대화를 위한 전략을 신중히 준비할 수 있다.

공감소통의 다른 방법으로 'Yes-But' 기법이 있다. 'Yes-But' 기법은 상대방의 요구를 효과적으로 거절하는 방법이다. 모든 사람들은 상대방이 자신의 말에 흔쾌히 동조하기를 기대한다. 따라서 상대방의 본질적인 사안이나 정서에 먼저 동의를 해주고, 이후에 상황과 입장에 따라 '그러나…'라고 자신의 형편을 이야기하면 상대방의 감정을 거스르지 않고 거절할 수 있다.

공감소통을 만들어가는 과정에서 바람직한 표현법을 알아두는 것도 필수다. 첫째, 절제된 언어의 사용이다. 정보가 넘치는 세상인 만큼 사람들의 머릿속도 복잡하다. 하고 싶은 이야기를 명쾌하고 간결하게 표현하는 습관을 갖자. 때로 본론을 이야기하기 전에 서론이 너무 길거나 부연설명이 장황해 상대방을 지루하게 만드는 경우가 있다. 또 말을 너무 우회적으로 하는 바람에 상대의 심중을 파악하기 위해 괜히 집중하게 되고 불필요한 에너지를 소비하기도 한다. 항상 주제를 명확히 하고 무엇에 대해 이야기하는지 정확하게 표현해야 오해가 없고 왜곡되지 않는다.

둘째, 긍정적인 표현이다. 어떤 부정적인 표현도 긍정적으로 바꾸어 말할 수 있다. 싫어하는 것을 이야기하기보다 좋아하는 것을 말하면 그 사람의 이미지가 훨씬 더 긍정적으로 보인다. 예를 들어 "나는 빨강색을 싫어해"보다는 "나는 초록색을 좋아해"라는 식이다. 늘 불평불만을 달고 살거나 다른 사람을 비난하는 사람은 매력이 없다. 겸손이 지나쳐 자기비하를 하는 사람도 마찬가지다. 겸손해 보이기보다는 상대방에게 자신이 표현한대로 각인될 소지가 다분하다.

셋째, 현재 진행형의 내용을 사용하라는 것이다. '내가 젊었을 때는……' '~했더라면'과 같은 표현을 반복하는 사람이 있다. 믿거나 말거나 화려했던 과거를 자꾸 이야기하는 사람은 왠지 측은해 보인다. 현재에 만족하지 못하거나 자신감이 부족한 사람들이 많이 사용하는 언어 습관이다. 또 '내가 성공만 하면……' '내가 돈만 좀 벌고 나면……' 등의 미래형을 너무 많이 사용하는 사람도 현실감이 없어 보인다. 심하면 허풍이 심한 사람으로 보여 신뢰감을 잃을 수도 있다. 현재 내가 하고 있는 일이 무엇이며 목표를 위해 얼마나 노력하고 있는지를 알려야 한다. 그리고 정성껏 공감하는 자세가 필요하다. 진정한 리더의 자세는 독선이나 독재가 아니라 남의 말을 귀 기울이며 듣는 것이다. 흔히 듣기에 강한 사람이 인간관계에서 성공한다고 한다. 상대방을 내 사람으로 만들고 싶거든 마음으로 듣고 진심으로 반응해야 한다. 반대로 상대방의 마음을 굳게 닫아버리고 싶다면? 주야장천 내 이야기만 하면 된다.

공감소통에 있어 빼놓을 수 없는 것이 전화 매너다. 전화는 상대가 보이지는 않지만 확실하게 다가오는 이미지다. 또 얼굴이 보이지 않기 때문에 오해하기도 쉽다. 웃으면서 받아도 보통으로 느껴지고, 보통의 표정으로 받으면 퉁명스럽게 느껴지기 쉽다. 따라서 전화벨이 울리는 순간부터 마음과 얼굴 표정에 어떠한 준비가 되어 있어야 한다. 그 준비 여하에 따라 상대방에게 느낌이 전달되기 때문이다. 특히 잘못 걸려온 전화에 불친절하거나 짜증스럽게 반응하지 말아야 한다. 괜히 나쁜 이미지로 비쳐 치명상을 입기 쉽고, 자연스럽게 자신을 홍보할 수 있는 절호의 찬스를 놓치는 결과가 되기 때문이다. 그렇다면 매너 있게 전화를 받는 방법은 무엇일까?

▶ 벨이 세 번 울리기 전에 받는다. 프로의 조건이다.
▶ 바른 자세와 태도로 받는다. 자세가 느낌을 만든다.
▶ 수화기는 왼손, 오른손엔 메모를 위한 펜을 준비한다.
▶ 밝고 친근하며 분명한 목소리로 받는다.
▶ 마음과 얼굴에는 밝은 웃음을 띠고 받는다.
▶ 중요한 대목은 복창을 하면서 메모한다.
▶ 상대방의 이름을 기억하고 호명해준다.
▶ 반드시 답장을 한다. 답장은 매너의 열매다.

전화 대화에서도 세 가지 유의할 점이 있다. 첫째, 직접 대화와 전화 대화의 차이다. 상대방과 직접 대화를 할 때는 얼굴 표정과 느낌을 통해 상대방의 의도를 분별할 수 있으나 전화 대화 시에는 목소리와 분위기에 의해서만 정보가 전달되므로 오정보가 전달될 가능성이 있어 주의해야 한다. 기본적으로 사람들에게는 상호 친근 거리에서 얼굴을 마주 볼 때와 그렇지 않을 때의 심리적 차이가 있다. '웃는 얼굴에 침 못 뱉는다'는 속담처럼 단순히 목소리를 통해 전달하는 정보보다 얼굴을 마주 보면서 대화할 때 상대방의 의견을 거부하거나 묵살하기가 어렵게 된다. 또한 상대방의 심리적 변화에서 이해성 및 수용성의 차이도 나타나게 된다.

둘째, 플러스 감정을 발생시켜야 한다. 동의를 구하거나 긍정적인 답변을 기대할 때는 상대방으로 하여금 긍정적인 감정, 즉 플러스 감정을 발생시킬 필요가 있다. 얼굴이 보이지 않는 상황에서는 호소력과 설득력이 소실되기 쉽기 때문이다. 플러스 감정을 발생시키려면 먼저 내가 마음의 문을 활짝 열어야 한다. 그리고 솔직해야 한다. 무엇을 요구하려는 나의 의도를 느끼게 하는 것이 아니라 상대방으로 하여금 '내가 할 수 있는 일이 뭐가 있을까' 생각하게 만드는 것이다. 같은 일도 자신이 스스로 베풀었다고 생각할 때는 보람을 느끼는 반면 요구에 의해 할 수 없이 들어줬다는 생각이 들면 일에 대한 보람이 반감되기 때문이다.

셋째, 예의 바른 자세도 중요하다. 목소리는 자세와 태도에 따라 달라진다. 부동자세로 받는 전화와 누워서 받는 전화는 확연히 느낌의 차이가 있게 마련이다. 바른 자세와 태도에서 호감이 전달되고 정보의 정확성과 설득력이 높아지게 된다.

소통은 인간관계를 성공적으로 이끌어가기 위한 기본적인 수단인 동시에 개인의 이미지 전달에서 종합적인 작용을 한다. 그리고 개인의 이미지 형성에 매우 큰 영향을 미치기 때문에 퍼스널 이미지의 중요한 요소가 된다. 어느 경우든지 소통의 과정은 송신자와 매체, 수신자의 구조를 가지게 되는데 구체적으로 말하면 메시지 내용이 송신자에 의해 암호화되어 전달되고 수신자가 해독하는 과정을 거치는 것이다. 암호화(encoding)란 수신자가 메시지의 내용을 이해할 수 있도록 말과 글, 몸짓 등의 수단을 통해 전달 가능한 형태로 만드는 과정을 말한다. 해독(decoding)이란 전달된 메시지가 수신자의 사고나 아이디어, 감정 등의 수단을 통해 송신자가 전달하고자 한 의미로 해석되는 과정을 말한다. 따라서 소통에서 전하는 사람과 전달받는 사람의 공감대가 어떻게 형성되어 있느냐에 따라 정확성의 질과 의미의 양이 달라지는 것이다.

소통에서 한 가지 중요한 이론이 있다. 결론부터 말하자면 소통의 원칙은 '불가능'이라는 것이다. 한 사람이 자신의 의견을 다른 사람에게 전달하려고 할 때 원하는 만큼 제대로 전달되는 것이 아니라 원칙적으로 불가능한 한계계수가 존재한다는 것이다. 어떠한 사실에 대하여 설명을 하는 사람이 최선을 다해 전달했다 해도 그 본질 중에서 80퍼센트 정도의 정보를 전달할 수밖에 없고, 또한 듣는 사람도 최선을 다해 적극적으로 경청한다 하더라도 전달된 정보 중 80퍼센트 정도만을 이해하고 수용하게 된다는 이론이다.

따라서 전달자나 수신자 모두 최선을 다했다 해도 전달하고자 했던 본질 중에서 64퍼센트만이 이해되는 결과가 나타나는 것이다. 이는 원칙적으로 소통이 불가능하다는 것을 의미한다. 그리고 이 계산은 양자가 최선의 노력에서 얻어진 결과라는 사실에 유념해야 한다. 대충대충 전달하고 알아서 판단하고 이해하는 정도의 소통이라면 그 수치는 형편없이 추락할 수밖에 없다. 그러고 나서 흔히 하는 이야기가 무엇인가? 상대방이 말귀를 못 알아듣는다거나 설명을 제대로 하지 못한다고 서로에게 책임을 전가하는 것이다. 이렇게 불리한 소통의 구조 속에서 우리는 무엇인가를 전달해야 하고 상호 공감을 형성해야만 하는 것이다.

물론 어려운 일이다. 그래서 공감소통은 노력하고 훈련하는 사람들의 몫이 되는 것이고 그러한 사람들만이 박수 속에서 호감과 성공의 관문을 통과하게 되는 것이다.

호감 주는 목소리는 만들어진다

목소리의 비밀

상대에게 호감을 주는 방법 가운데 하나가 목소리다. 외모가 그리 눈에 띄지 않는 사람도 목소리가 좋으면 갑자기 호감도가 상승하게 된다. 아울러 우리는 상대방의 목소리를 듣고 그 사람의 생각과 감정, 직업 등 다양한 정보를 얻을 수 있다. 목소리는 그 사람의 생각과 습관에 의해서 작용하고 심성과 욕구의 영향을 받는다. 또 목소리에는 표정과 자세가 수반되고 외모와 행동이 관여하거나 간섭한다. 그리고 그 저변에는 그 사람의 감정이 잠재되어 있는데 이러한 종합적인 요인에 의해 목소리가 형성되고 외부에 표출되기 때문이다. 따라서 우리가 가진 목소리는 사소한 생각과 습관을 바꿈으로써 충분히 개선될 수 있다.

좋은 목소리는 어떤 것일까? 수많은 조사 결과 대부분 사람들이 중저음의 신뢰 있는 목소리, 청아하고 맑은 목소리를 선호하고 있음이 밝혀졌다. 하지만 필자는 각자의 발성기관에 맞춰 내는 최적의 소리가 가장 좋은 목소리이며 그래야 가장 자연스럽고 건강한 목소리의 느낌을 준다고 생각한다.

목소리와 스피치 분야의 선구자인 미국 이비인후과 전문의 쿠퍼 박사에 따르면 우리가 지금 내고 있는 목소리는 타고난 자신의 목소리가 아니라고 한다. 각자 살아오는 동안 강하게 인상 받은 목소리가 있고 그 소리를 흉내 내기로 마음먹었기 때문에 자신의 발성기관에 무리를 주는 소리가 된다고 한다. 결국 잘못된 목소리가 습관으로 이어지고 자신뿐만 아니라 듣는 사람에게도 불편을 주게 된다는 것이다. 그렇다면 발성기관의 구조에 맞춰 낼 수 있는 최적의 목소리는 무엇일까?

첫째, 복식호흡으로 낸 목소리다. 호흡은 인간의 생존에 가장 중요한 기능일 뿐만 아니라 음성을 만드는 데 동력이 된다. 성인 남성의 표준 폐활량은 3,500cc이고 성인 여성의 표준 폐활량은 2,500cc이다. 횡격막은 호흡운동에 관여하는 가장 중요한 근육으로 이 횡격막을 위주로 하는 호흡이 바로 복식호흡이다. 복식호흡을 하면 공기를 적절히 조절할 수 있게 되며 목소리를 내는 데 목 부분의 긴장을 덜어내 공명 있는 소리를 내게 된다.

둘째, 성대 접촉률이 높은 목소리다. 성대가 진동할 때 주로 진동하는 점막은 좋은 음성을 생성하는 데 중요한 역할을 한다. 성대의 점막은 늘어나고 줄고 하면서 점막의 점성을 유지하고, 점막 조직의 일부가 다른 부분으로 당겨지면서도 탄성은 유지되어야 한다. 우리가 흔히 알고 있는 성대결절, 성대폴립, 성대부종 등의 질환은 대개 성대의 접촉률 부족이 가장 큰 원인이 된다. 복식훈련을 통해 호흡기능이 극대화되고 성대의 접촉률이 높아지면 자연스럽게 좋은 목소리가 난다.

셋째, 낮은 후두 위치에서 낸 목소리다. 공명강(성대 윗부분의 모든 체강)의 길이는 우리나라 남성의 경우 평균 17cm, 여성의 경우 평균 16cm이다. 후두의 위치를 내리면 공명강의 길이가 길어져 깊이 있고 울림 있는 소리가 나게 된다. 혹시 극심한 스트레스로 인해 숨이 쉬어지지 않는다든지 목소리가 가늘어지고 심지어 목소리가 아예 나오지 않는 경험을 해본 적이 있는가? 그만큼 목소리는 기분과 생각, 건강 상태에 의해 많은 영향을 받는다. 건강한 마음은 건강한 목소리를 내게 된다. 물론 새로운 방법을 익혀 습관으로 만드는 게 쉬운 일은 아니다. 목소리는 모든 습관 중에서도 가장 바꾸기 힘든 부분이다. 현재 건강하고 좋은 목소리를 원하는 욕구와 지속적으로 훈련하고 노력하려는 마음가짐이 중요하다.

좋은 목소리를 내기 위해서는 무엇보다 자신의 목소리를 객관적으로 듣는 것이 중요한데, 자신의 목소리를 녹음해서 들으면 누구나 생소한 느낌을 받게 된다. 그러나 다른 사람들은 녹음된 나의 목소리와 실제 목소리와의 차이를 잘 못 느낀다. 왜 그럴까? 인간의 몸에는 두 가지 청각기능이 있다. 하나는 공기 진동에 전달되는 소리를 인식하는 공기 유도 청각기능(기도 청각), 또 하나는 뼈를 통해 소리를 인식하는 뼈 유도 청각 기능(골도 청각)이다.

기도 청각(air conduction hearing)이란 공기의 진동을 통해 귀로 전달된 소리를 듣는 것으로 외이(소리모음)→고막(진동)→달팽이관(음도)→청신경→뇌(인지)의 순서로 청감각을 자극하는 진동을 듣는 것이다. 외부에서 들려오는 소리를 들을 때 보통 기도 청각으로 듣게 되는데 순수하게 고막의 진동을 통해 소리를 듣는 것을 말한다.

골도 청각(bone conduction hearing)이란 고막을 통하지 않고 뼈의 진동을 통해 청각 신경을 자극한 소리를 듣는 것을 말하는데, 즉 두개골 뼈를 경유하여 안귀에 전달되는 소리를 인식하는 것을 말한다. 보통 자신의 목소리는 기도 청각현상과 골도 청각현상이 함께 작용되어 들린다. 하지만 녹음을 하게 되면 골도 청각현상 없이 순수한 기도 청각현상만으로 듣게 되므로 평소에 듣던 목소리와 다르게 들리는 것이다. 물론 상대방은 항상 기도 청각을 이용해 소리를 듣게 되므로 두 소리를 똑같이 듣게 된다. 그러므로 자신의 목소리를 객관적으로 듣기 위해서는 녹음을 해서 들어보는 것이 좋다.

보통 전화로 건네는 상대방의 첫마디에서 우리는 상대방의 감정 상태를 유추하고 그에 따라 표현방법을 달리하게 된다. 또

슬프거나 기운이 없을 때는 아무리 밝고 힘 있는 목소리를 내려고 해도 어두운 목소리가 되고, 반대로 기분이 좋고 설렐 때는 일부러 힘없고 어두운 목소리를 내기 힘들어진다. 이처럼 우리의 생각과 감정이 목소리에 큰 영향을 미치기 때문에 평소 긍정적이고 밝은 생각을 가지는 것이 급선무다. 하지만 항상 긍정적이고 밝은 생각만 유지할 수 있겠는가? 긴장이 되거나 스트레스를 많이 받을 때는 거울 속 자신의 모습을 사랑스럽게 바라보자. 그게 여의치 않다면 눈을 감고 호흡을 조절하면서 최근 자신이 가장 행복했던 기억을 떠올려보자. 그리고 자신이 지을 수 있는 가장 편안한 미소를 지어보자. 이왕이면 미소를 지속하면서 스스로에게 몇 마디 말도 건네보자. 몇 번 반복하다 보면 한결 목소리가 밝아진 것을 느낄 수 있을 것이다.

호감 있는 목소리 유지

최근 모바일 기기 사용이 늘어나면서 머리가 거북이처럼 구부정하게 나오는 자세인 '거북목 증후군'을 호소하는 사람들이 늘고 있다. 거북목은 건강에도 좋지 않지만 얇고 힘없는 목소리를 내게 만드는 대표적인 자세다. 구부정하게 고개를 내밀게 되면 자칫 자신감이 결여된 인상을 주는데, 눈에 보이는 자세뿐만 아니라 고개를 앞으로 내밀면서 후두의 위치가 위로 올라가게 되고 공명강의 길이는 짧아져 얇은 목소리를 만들기 때문이다. 목소리를 만드는 공명기관은 악기와도 같아서 구부러지면 좋은 소리를 낼 수 없다. 거울을 옆에 두고 귀와 어깨가 일직선이 되는지 자신의 자세를 확인해보자. 그리고 거울을 정면으로 보면서 자세가 바른지 최종적으로 확인해본 다음 충분한 호흡을 하고 아랫배에 힘을 주어 목소리를 내보자. 그러면 힘 있고 울림이 있는 목소리가 나올 것이다.

평소 성대를 촉촉하게 유지하기 위해서는 충분한 수분섭취를 하는 것이 중요하다. 하루 1리터 이상의 물을 마시고 훈증기 등을 이용해 증기를 흡입하는 것도 도움이 된다. 성대접촉을 유도하기 위해서는 허밍이나 가벼운 '오~' 발성을 통해 발성 연습을 하고 나무젓가락을 이로 물고 말하는 연습을 한 후, 입 모양을 유지하며 말하는 연습을 반복해보자. 또렷한 발음과 너무 작지도 크지도 않은 목소리를 사용하는 것이 성대에 무리도 주지 않고 상대방에게 매력 있는 목소리로 들린다. 언제 어디서 누가 들어도 호감 가는 목소리는 습관에 의해 만들어진다.

목소리를 좋게 만드는 방법을 크게 여섯 가지로 나누면 다음과 같다. 첫째, 바른 자세를 유지하는 것이다. 가슴을 올리고 배를 집어넣는 것이 기본자세다. 서 있는 경우에는 양발에 체중을 균등하게 배분하고, 앉아 있을 때는 양발을 약간 벌리되 절대로 다리를 꼬지 않는다. 혈액순환을 막아 좋은 목소리가 나올 수 없기 때문이다.

둘째, 목소리 톤(음색)을 다양하게 사용한다. 이는 지루한 목소리를 내지 않도록 훈련하는 단계다. 원시인류 중 하나인 네안데르탈인은 목소리 톤을 다양하게 하여 적들에게 겁을 주거나 여인들의 마음을 사로잡았다고 한다. 훌륭한 연설가들도 음성을 다양하게 사용하는데 이를 듣고 따라 하는 것 또한 하의 요령이다. 일상에서도 같은 내용을 아주 실감나고 재미있게 잘 표현하는 사람들이 많은데 대체로 목소리의 높낮이와 억양, 음색을 잘 이용한다.

셋째, 생동감 있게 말한다. 나이가 들어도 목소리는 젊게, 피로할 때도 생동감 있게 해야 독특하고 강한 이미지를 투사할 수 있다. 반대로 이를 잘못 쓰면 젊은 사람도 늙은 것처럼, 힘이 있어도 없는 것처럼 들린다. 특히 힘이 없는 남성의 목소리는 절대 여성의 마음을 사로잡지 못한다고 하니 유의해야 한다. 남성들의 마지막 카리스마가 바로 목소리를 통해 전달된다는 점 또한 의미심장하다. 아무리 피곤해도 피곤한 음성으로 말하지 말고, 마음과 몸을 가다듬어 활기 있게 말하는 습관을 가져야 한다.

넷째, 음성을 낮추는 것이 좋다. 다소 낮은 음색과 음성이 더 신뢰를 준다고 한다. 뭔가 진지하고 심각한 내용을 전달할 때는 대부분 목소리를 낮춘다. 뉴스를 진행하는 아나운서들의 경우도 마찬가지다. 그래서 목소리 전문가들은 상대에게 신뢰감을 주고 싶으면 중저음을 유지하라고 권유한다. 콧소리와 날카로운 목소리는 듣기 거북하므로 주의해야 한다. 실제 인간성이 어떠하든지 간에 날카로운 목소리는 성격마저 까다로운 사람처럼 보이게 만든다. 대체로 감정이 고조될 때 날카로운 소리를 내게 되는데, 만약 자신이 그런 경우라면 먼저 자세를 바로 하고 한 마디 한 마디에 힘을 실어보자. 또박또박 약간 느리게 말을 하면 더욱 좋고, 여기에 복식호흡을 겸하면 금상첨화다.

다섯째, 피곤하지 않아야 한다. 피로는 음성을 거칠게 하는 첫 번째 요소다. 혹시 중요한 스피치가 예정된 경우에는 미리 충분한 휴식을 취해야 하고 담배나 기침 역시 성대에 부담을 주므로 가급적 피해야 한다. 전문가들은 목소리가 잘 나오지 않을 때 길게는 숨을 쉬거나 침묵할 것을 권한다. 또 레몬즙이 든 따뜻한 차를 마시는 것도 도움이 된다. 맥주나 우유는 목에 점액을 만들기 때문에 좋지 않다고 한다. 그리고 성대를 무리하게 사용하지 말아야 한다. 넘쳐서 좋은 것은 아무것도 없다. 특히 목소리는 정밀한 요소이며 누구나 자기만의 독특함이 있으므로 잘 보존해야 한다. 자신 그대로의 목소리가 가장 좋은 것이다.

마지막으로 여섯째, 긍정적인 말과 격려하는 말, 감사하는 말과 아름다운 말을 많이 사용하는 것이 자신에게도 듣는 사람에게도 좋다. 내가 한 말이 곧 예언이 될 수 있다. 말이 씨가 된다는 표현이 바로 그것이다.

패션 감각, 베스트 컬러를 찾아라

옷차림의 기본

옷차림은 그 사람의 신분과 역할을 나타내는 매개체다. '음식은 먹는 사람을 위해 만들어야 하고 옷은 보는 사람을 위해 입어야 한다'는 말이 있다. 아무리 옷이 날개라지만 자신의 신분과 역할에 맞게 입지 않으면 낭패를 당하거나 타인에게 잘못된 이미지를 심어주게 된다. 그래서 패션학에서는 때(time)와 장소(place), 분위기(occasion)에 맞게 옷차림을 연출해야 한다고 가르친다.

옷차림과 같은 비언어적 메시지에 대한 지식과 이해는 각 개인의 사회·문화적 경험에 의존하므로 지각적 편견을 갖고 반응하는 경우가 많다. '입은 사람'은 '보는 사람'에게 자신의 신분과 지위, 지식, 성격, 가치관에 대한 정보를 전달하려고 하지만 보는 사람은 이 모든 것을 다 인지할 수 없다. 오히려 '입은 사람'이 의도하지 않았던 부분을 인지할 수도 있다. 보는 사람의 모호성으로 인해 오해가 발생하고 부적절한 이미지가 전달되지 않게 하기 위해서는 '~답다'라고 보이도록 스타일을 연출하는 것이 필요하다. 그래야 보는 사람이 적절한 판단을 할 수 있으며 좋은 인상을 형성시킬 수 있다.

슈트는 대개 획일적이고 딱딱한 인상을 주기 쉽다. 하지만 의외로 입는 방법에 따라 다른 이미지를 풍길 수 있고 자신만의 독특한 개성을 살릴 수도 있다. 슈트 차림에서 가장 중요한 점은 몸에 잘 맞는 옷을 골라 단정하게 입는 것이다. 슈트의 올바른 착용은 우선 입었을 때 보는 사람에게 안정감을 줄 수 있어야 한다. 이를 위해 우선적으로 체크해야 할 것은 어깨 부분이다. 어깨에 가로세로 주름이 생기지 않는지 체크하는 것이 필요하다. 구김이 많은 옷은 단정치 못한 인상으로 비칠 수 있기 때문이다. 또 바지 폭은 손가락 끝에 약간 잡히는 정도가 좋다. 너무 클 경우 허리둘레에 주름이 생겨 흉해 보이므로 손가락이 들어갈 정도의 여유만 있으면 된다. 바지 길이는 너무 껑충해 보이지 않도록 구두 등을 살짝 덮는 정도가 좋다.

슈트 착용에서 셔츠와 타이는 자신의 개성과 색깔을 과감히 표현할 수 있는 유일한 품목이다. 기본적으로 셔츠보다 어두운 톤의 타이를 매는 것이 안정감 있어 보이며 셔츠와 타이를 톤 온 톤(Tone on Tone: 같은 색상을 가지고 명도나 채도의 변화를 줘 매치하는 방법)으로 매는 것이 인기 연출법이다. 셔츠는 소매가 재킷 밖으로 1.5cm 정도 나오도록 입고 셔츠의 목 뒷부분도 재킷 깃 위로 조금 올라오도록 입어야 보기에 좋다. 흰색 정장이 아니라면 절대 흰 양말을 신어서는 안 된다.

남성의 정장에서 가장 눈에 띄는 것이 'V존'이다. V존은 사람의 얼굴과 옷이 만나는 삼각 지점인데 바로 넥타이가 보이는 곳을 말한다. 넥타이는 남성의 필수 패션소품 중 하나다. 그런 만큼 전체 의상과 잘 조화되는 넥타이를 골라야 완벽한 멋을 추구할 수 있다. 다 좋은데 넥타이 하나 때문에 어색한 연출이 되기 쉽다. 넥타이의 위치는 정장의 핵심이며 사람의 시선을 끄는 중요한 자리다. 넥타이는 양복과 드레스 셔츠(와이셔츠)에 따라 달라져야 한다. 기본은 언밸런스다. 체크무늬가 요란한 양복에는 잔잔한 무늬나 단색 계열의 넥타이가 잘 어울린다. 반대로 얌전한 스타일이나 파스텔 톤 색상 양복에는 광택 소재의 약간 튀는 넥타이를 고르는 것이 정석이다. 또 드레스 셔츠의 색상이나 디자인과도 잘 어울려야 한다. 블루 색상에는 감색 계통의 넥타이가, 흰 셔츠에는 황금색 또는 붉은 색상의 실크 넥타이가 기본이다.

또 하나 가장 눈에 띄는 것은 넥타이의 길이다. 바른 자세로 서 있을 때 넥타이 끝이 벨트 아래에 오도록 매면 가장 무난하다. 어떤 넥타이를 어떻게 매느냐에 따라 완고해 보이기도 하고 세련되고 부드러운 사람으로 비치기도 한다. 넥타이로 자신의 감각을 잘 드러내는 센스가 필요하다.

남성의 정장에서 매치 포인트(match point)를 무시해도 금세 이상하게 보이고 만다. 짙은 색 양복에 흰 양말도 문제지만 무슨 방패처럼 커다란 벨트를 차고 다니는 것도 어색해 보인다. 풍채가 좋은 남자가 양쪽 뒤가 터진 상의를 입으면 더 넓어 보이고 홀쭉한 남자가 가운데 터진 상의를 입으면 더 말라 보인다.

구두는 검은색과 밤색을 선호하는데 밤색 구두에 어울리는 정장은 밤색이나 백색 바지다. 하지만 백색 정장을 하는 일은 그리 흔치 않고, 밤색 자체는 고상한 색이지만 키가 작고 몸집이 왜소한 사람이 입으면 촌스럽게 보이기 쉽다. 그러므로 검은색 구두가 대체로 무난하다. 양말은 바지 색과 동일해야 하는데, 바지 색깔은 다양해도 양말 색깔은 그렇지 않다는 데서 문제가 생긴다. 그럴 때는 바지 색과 구두 색의 중간색을 선택하면 되고, 그마저 무리가 있을 때는 구두 색과 동일하게 신으면 된다. 벨트는 구두 색과 동일하면 좋다. 최근 출시되는 벨트는 양면의 색깔이 다르게 만들어져 있는데 다양한 색깔이 중요한 것이 아니라 전체와 어울리는 색깔을 선택하느냐가 중요하다.

감청색 양복은 품위 있는 색상이지만 깡마르고 얼굴이 흰 사람이 입으면 차갑고 사납게 느껴지기 쉽다. 여기에 금테 안경까지 쓰게 되면 분위기는 더욱 스산해진다. 한복에는 액세서리를 하지 않는 것이 원칙이다. 특히 목걸이와 팔찌는 금물이고 짙은 색의 매니큐어와 귀걸이 역시 하지 않는다. 한복 색상에 어울리지 않는 반지와 하이힐도 피하는 것이 좋다.

맵시 있는 옷차림에는 언더웨어(underwear)도 무시할 수 없다. 거들을 입은 여성과 입지 않은 여성의 치마나 바지의 맵시라인은 확실한 차이가 있다. 어떤 속옷을 입고 어떤 스타킹을 신었느냐 하는 것도 옷맵시에 큰 영향을 준다. 특히 치마를 입었을 때 판타롱 스타킹은 불안하기 짝이 없다. 밴드 스타킹도 마찬가지다. 말려 내려오기 시작하면 대책이 없다. 길거리에서 흘러내린 스타킹을 걷어 올리고 있는 여성을 보면 민망하기가 이루 말할 수 없다. 가급적 여성 정장에는 입는 스타킹이 좋다. 정장을 하고 가는 자리라면 입는 불편함쯤이야 감수할 만하다.

액세서리는 복장의 조화를 도모하는 장식품으로 옷차림 전체에 포인트를 강화시킨다. 또 어떻게 연출하느냐에 따라 품위를 높여주기도 하고 맵시를 손상시키는 역할도 한다. 값비싼 유명 메이커의 명품을 입고 있는데도 촌스럽게 보이는 이유 중 하나가 되기도 하는 것이다. 액세서리의 두 가지 원칙을 알면 맵시 있는 복장을 연출할 수 있다. 하나는 작게(small), 또 하나는 적게(few)이다. 크기가 작을수록, 수가 적을수록 좀 더 센스 있어 보인다. 액세서리가 너무 크거나 많으면 옷차림의 주객이 전도된 느낌을 줄 수 있으므로 유의해야 한다.

패션은 구입 전략에서 시작한다. 복장을 연출하는 데 기본은 일단 목적에 맞는 옷을 구입하는 것이다. 진열되어 있는 옷이 멋져 보여 당시의 기분에 맞춰 충동구매를 하면 정작 나중에 옷을 입을 때 연출이 어색해질 수도 있다. 여성들의 흔한 투정 중 하나가 '옷장에 걸려 있는 옷은 많은데 정작 입을 만한 옷은 없다'는 것이다. 어떤 상황에서 어떤 옷들이 서로 매치되는지 전혀 고려하지 않고 구입한 결과다.

옷을 잘 입었다고 모두에게 인정받거나 성공하는 것은 아니다. 하지만 옷을 잘못 입어 실수하는 경우는 많다. 복장에 신경을 써야 하는 진정한 이유는 거기에 있다. 특히 매 순간 고객을 접해야 하는 직장인의 옷차림이 깨끗하고 단정하며 정성스러워야 함은 두말할 나위가 없다. 얼굴이 마음의 거울이라면 옷차림은 마음의 빛깔이다.

베스트 컬러의 발견

패션에서 또 한 가지 중요한 것은 자신의 색(color)을 찾는 일이다. 자신에게 어울리고 자신을 돋보이게 하는 색상은 따로 있다. 자신의 피부색에 어울리는 컬러 타입을 파악해 컬러 이미지와 스타일을 분석하는 방법이 있고 자신의 심리와 상황, 건강 상태, 라이프스타일 등 내적인 면을 고려한 후 가장 좋은 컬러를 선택하는 방법도 있다.

예로부터 사람들은 색상에 많은 관심을 가져왔다. 색상에 관한 학문이 처음 생겨난 것은 고대 그리스 시대다. 그리고 20세기에 접어들면서 미국을 중심으로 일상생활 속에 색채를 활용하려는 움직임이 생겨났으며 색채심리를 반영한 인테리어를 통해 색상을 결정하는 방법과 효과적인 배색방법이 널리 보급되었다. 20세기 중반에는 사람을 대상으로 컬러 컨설팅을 하는 전문가까지 등장했다. 이것이 '퍼스널 컬러'의 시초다.

색을 나누는 기준은 방법과 사고에 관계없이 색을 이해하기 위한 기본이다. 여기서는 그 기준을 '사계절 분류'와 대조해보겠다. 사계절 분류란 공통된 요소를 가진 색의 그룹을 봄, 여름, 가을, 겨울의 이미지로 나타낸 것이다. 각각의 사람에게는 네 가지 그룹 중 어울리는 색 그룹이 있다. 대체로 봄과 가을은 따뜻한 계열이고, 여름과 겨울은 찬 계열이다.

봄의 이미지를 가진 사람에게 잘 어울리는 색은 활동적이고 경쾌하며 컬러풀한 색이다. 이 그룹에 속하는 사람은 전반적으로 밝은색이 잘 어울린다. 미디엄브라운이나 청색과 감색의 경계선 정도의 밝은 감색이 특히 잘 어울린다. 투명감이 있는 색도 얼굴에 윤기를 더한다. 다른 그룹의 사람이 착용했을 때 색상만 눈에 띄는 듯한 색이라도 매력적으로 입을 수 있다. 항상 가볍고 경쾌한 느낌을 유지하는 것이 좋다. 딱 맞는 요소가 결집된 봄의 색상이라면 언제나 젊음을 유지할 수 있다. 이 그룹에 속하는 사람에겐 옐로 베이스도 잘 어울린다. 하지만 가을만큼 황색이 진하고 탁한 색은 어울리지 않는다. 밝은 색이 어울리지만 겨울과 같이 어둡고 선명한 색은 얼굴색을 무표정하게 보이도록 만든다.

또 밝은색은 어울리지만 여름과 같이 엷은 색은 피부의 탄력감을 줄이고 쓸쓸한 인상을 전한다. 봄 색상은 화려한 느낌이 있지만 세련된 색도 많다. 베이지 색은 약간 투명감이 있는 깨끗한 것으로 골라야 한다. 회색은 약간 노란색을 띤 미디엄그

레이에서 부드럽고 밝은 회색까지 베이직 컬러로 활용하면 좋다. 봄 자체 선명한 색의 조합도 개성적인 멋을 즐길 수 있지만 약간 탁하면서 밝고 부드러운 톤도 멋이 있다. 검은색과 같은 다른 그룹의 색으로 차려입을 때도 얼굴 주변만큼은 반드시 봄 색깔을 사용하는 것이 포인트다. 립스틱이나 볼터치는 봄을 대표하는 색을 사용한다. 아이보리나 크림색의 진주색, 광택이 강한 골드 액세서리도 잘 어울린다. 쇼핑을 하는데 봄의 색깔을 잘 모르겠다면 상점에 있는 다른 색과 비교해 '한층 밝은 색' 혹은 '노란색을 띤 색' '투명감이 있는 색'을 고르면 된다.

여름의 이미지를 가진 사람에게는 부드러운 색이 어울린다. 갈색이나 베이지라도 봄과 가을에 비교해 핑크나 장미 분위기를 내는 질감이 있다. 같은 감색이라도 조금 자주색에 가까운 감색이 어울린다. 탁색이나 밝고 부드러운 색을 입으면 얼굴에 비단 줄무늬와 같은 매끄러운 입체감을 연출할 수 있다. 다른 그룹에 속한 사람이 입는다면 모호하고 쓸쓸한 색이 될 수 있지만 여름 성향의 사람은 우아하게 차려입을 수 있다. 청색이 강할수록 피부는 뽀얗고 시원스러운 아름다움을 준다. 어떤 코디라도 우아한 취향을 선택한다. 그와 같은 요소들이 결집된 여름의 색상이라면 언제나 우아하고 깔끔한 분위기를 간직할 수 있다.

여름의 이미지를 가진 사람에게 블루 베이스는 잘 어울리지만 겨울과 같이 투명한 콘트라스트, 봄과 같이 화려한 색상은 너무 강한 느낌을 준다. 또 가을처럼 노란색을 띤 탁색은 무겁고 칙칙한 느낌을 주므로 피한다. 여름 성향인 사람의 콘트라스트는 대체로 탁하면서 경쾌함이 있기 때문에 겨울만큼 선명한 느낌은 없지만 탄력 있는 현대풍의 코디를 즐길 수 있다. 하지만 여름 성향의 사람에게 기본적으로 검은색은 너무 강하므로 소재감이나 형태가 부드러운 것을 골라 조정해야 한다. 립스틱이나 볼터치 등 얼굴 주변에는 반드시 여름 색을 사용하는 것이 좋다. 실버나 플래티늄, 핑크 골드와 같은 액세서리도 잘 어울린다. 진주도 화이트나 핑크계가 한층 돋보인다. 쇼핑을 하는데 여름 색깔을 잘 모르겠다면 다른 색과 비교해서 '한층 밝은색' 혹은 '청색을 띤 색' '탁한 느낌의 색'을 선택하면 된다. 라이트 톤이라면 청색도 좋다.

가을의 이미지를 가진 사람에겐 전반적으로 차분하며 깊이 있는 색이 어울린다. 갈색이 잘 어울리며 탁한 느낌의 감색인 철색을 기본으로 한다. 탁한 느낌의 색이 오히려 피부색을 곱게 보이게 한다. 다른 그룹의 사람이라면 수수하고 칙칙하게 보이는 색이라도 가을 성향의 사람은 완벽하게 차려입을 수 있다. 노란색이 강할수록 피부는 윤기 있어 보이고 화려한 질감을 수반한다. 조금 복잡하지만 세련되고 깊이 있는 취향이 어울리는 사람이다. 이러한 요소가 결집된 가을 색상으로 맞춰 입으면 언제나 세련된 분위기를 유지할 수 있다.

옐로 베이스도 잘 어울리지만 봄의 색상처럼 깨끗하고 가벼운 색이라면 색상만 돋보여서 차분한 감이 떨어진다. 또 어두운 색은 어울리지만 겨울 색상처럼 어둡고 선명한 색이 되면 얼굴의 그늘과 선이 부각되어 딱딱한 느낌을 준다. 탁색도 비교적 잘 어울리지만 여름의 색상처럼 엷고 부드러운 상태라면 부족한 듯한 느낌이 들어 존재감이 약하다. 수수한 인상의 가을 색상이라도 순색에 검은색이 조금 들어가면 오히려 순색보다 화려해 보인다. 베이지는 유탁(乳濁)한 것을 골라야 한다. 다만 가을은 기조가 되는 색이 많은 그룹이므로 한 가지 색에 그치지 않도록 주의해야 한다.

검은색도 어두운 상태를 공유하므로 가을 성향의 사람에겐 잘 어울린다. 얼굴 주변은 반드시 가을 색상을 사용하는 것이 좋고 립스틱이나 볼터치도 한층 가을다운 색으로 조정하면 좋다. 골드와 같은 액세서리가 잘 맞고 노란색을 띤 블랙펄도 개성적이고 잘 어울린다. 색상을 고를 경우에도 가을의 기본적인 특징을 이해하면 도움이 된다. 주위에 있는 다른 색과 비교해 '한층 어둡고 깊이가 있는 색' 혹은 '노란색에 가까운 색', '탁한 색'을 고르면 된다.

겨울의 이미지를 가진 사람에겐 색의 대비를 살린 선명한 색, 전반적으로 강약이 있는 색이 잘 어울린다. 같은 갈색이나 감색도 다른 계절의 성향 중 가장 어둡고 깔끔해 보인다. 베이지의 경우도 청색을 띤 산뜻한 베이지가 어울리며 어두운 색을 걸치면 얼굴이 작아진 느낌을 준다. 또 깔끔하고 선명한 색은 피부에 혈색을 띠게 하고 윤기를 더해 꽉 조인 듯한 느낌을 준다. 다른 그룹의 사람이라면 색깔만 돋보여 사람이 죽어버리는 색이지만 겨울 성향인 사람이 입으면 선명하고 모던 패턴의 느낌이 난다. 색이 강할수록 얼굴색도 고와 보이고 생기 있어 보인다. 어떤 코디네이트를 하더라도 색의 대비감이 있는 취향이 어울리는 사람이다. 이러한 요소가 결집된 겨울의 색을 유지한다면 언제나 화사하고 존재감 넘치는 분위기를 낼 수 있다.

겨울 이미지를 가진 사람에겐 블루 베이스가 잘 어울리고 여름의 경우처럼 부드러운 색은 왠지 부족하고 흐린 느낌을 준다. 어두운 색은 잘 어울리지만 가을과 같은 탁색은 얼굴색을 칙칙하게 만들고 나이 들어 보인다. 봄과 같이 경쾌한 색상으로는 선명한 콘트라스트가 불가능하므로 피한다. 겨울 색상은 전체적으로 명암과 강약이 분명한 느낌이며 투명감이 있는 선명한 느낌이다. 하지만 큰 얼음에 물감 한 방울을 떨어뜨린 듯한 옅은 색의 아이시 컬러라면 부드러운 파스텔조의 코디네이트가 가능하다. 또 무채색에 가까운 색 조합은 세련되고 현대적인 감각이 살아난다. 검은색은 겨울 성향인 사람에게 잘 어울리므로 자연스럽게 차려입을 수 있다. 화장하지 않은 상태에서도 검은색이 잘 어울린다면 겨울 성향의 사람이다. 립스틱이나 볼터치를 함으로써 한층 겨울의 이미지를 부각시킬 수 있다. 실버나 플래티늄과 같은 액세서리도 잘 어울린다. 블랙 계통의 진주는 겨울 성향의 사람에게 제격이다. 쇼핑 시에는 '명암이 뚜렷한 색' 혹은 '순색이나 무채색' '청색을 띤 색' '투명감이 있는 색'을 고르면 된다.

여기서는 봄, 여름, 가을, 겨울 네 가지 퍼스널 컬러를 소개했지만 한국인들의 구체적인 퍼스널 컬러는 수천 가지가 넘는 것으로 보고되고 있다. 정확하게 말하면 사람들 개개인의 퍼스널 컬러가 각기 다르고 베스트 컬러는 이미 결정되어 있다고 표현하는 것이 정확하다. 따라서 자신에게 딱 맞는 베스트 컬러를 찾기란 그리 쉬운 일이 아닐 것이다.

그러나 요즘에는 퍼스널 컬러를 배울 수 있는 교육과정이 많이 있고, 퍼스널 쇼퍼(personal shopper) 자격을 가진 전문가도 배출되고 있다. 퍼스널 쇼퍼란 의뢰자와 함께 동행하여 구입을 도와주는 패션 전문가를 말하는데 이러한 전문가의 도움을 받는 것도 바람직한 선택이다. 아울러 최근 쇼핑 매장에도 퍼스널 컬러에 대한 전문성이 높은 직원들이 배치되고 있으므로 그들의 조언을 받는 것도 한 가지 방법이 될 수 있다.

행복을 부르는 호감의 법칙

행복의 이해

인간은 누구나 행복해지기 원한다. 행복해지기 위해 태어나고 행복해지기 위해 공부하며 행복해지기 위해 가정을 꾸리고 살아간다. 아침 일찍 직장으로 달려 나가는 이유, 다양한 모임에 참석하는 이유도 마찬가지다. 그런데 많은 사람들은 진정한 행복이 무엇인지 잘 모르는 것 같다. 헬렌 켈러는 '행복은 자기만족에서 얻어지는 것이 아니라 가치 있는 일에 충실할 때 얻어지는 것이다'라고 하였다. 세상에서 가장 행복한 사람은 내면의 확신이나 가치관과 조화를 이루며 사는 사람이다. 반대로 가장 불행한 사람은 자신의 가치관이나 신념과 배치되는 삶을 살기 위해 노력하는 사람이다. 행복은 인간의 마음과 신체에 내재된 천성이라고 한다. 또 인간은 행복하다고 느낄 때 평소보다 더 잘 생각하고 행동하며 건강하다. 인간의 감각기관 또한 행복하다고 느낄 때 더 활발하게 움직이는 것이다.

무엇이 행복을 주는가는 인류의 가장 큰 이슈이자 명제다. 여기서 대인관계를 통해 얻을 수 있는 행복을 논한다면 최소한 다음의 두 가지 조건이 충족되어야 한다.

첫째, 행복은 반드시 대가를 치러야 한다는 것이다. 예를 들어 명절이 되면 사람들은 그렇게 길이 막혀도 기어이 고향에 내려가고 만다. 사랑하는 가족과 정든 환경을 만날 수 있다는 행복이 보장되어 있기 때문이다. 길이 막혀 고생한다는 것이 바로 대가이며, 이 대가는 행복을 저울질하는 문제로 등장한다. 조물주가 인간에게 복을 내릴 때 복을 바로 주지 않고 포장지로 잘 싸서 준다는 이야기가 있다. 이 포장지가 바로 문제(problem)라는 것인데 결국 문제 속에 복이 있다는 결론이 나온다. 내 앞에 아무 문제가 없어 당장은 편하고 좋을지 모르지만 내 앞에 복이 보이지 않는다는 의미도 된다. 반대로 내 앞에 큰 문제가 닥쳤다는 것은 내 앞에 큰 복이 존재한다는 해석도 된다. 문제가 바로 복이다.

높은 산이 있어야 맑은 물이 흐르는 법이다. 평지만 계속되는 곳에는 깨끗한 물이 흐르지 않는다고 한다. 매일 당면하는 문제에 매달리게 되면 그 문제 자체에 매임을 당하게 된다. 문제를 바라보지 말고 해답을 바라봐야 한다. 인생은 문제의 연

속이고 해답이 없는 문제는 진정한 문제가 아니기 때문이다.

둘째, 행복의 공식을 이해할 필요가 있다. '행복=성취도/욕구'다. 욕구는 욕심과 다르다. 여기서 말하는 욕구(慾求)란 자신이 세운 목표를 달성하려는 의지가 포함되어 있는 것이고, 욕심(慾心)은 도저히 달성할 수 없는 지나친 탐심을 의미한다. 무엇을 생각하느냐에 따라 욕구는 달라지고 결국 행복은 우리의 생각 속에 자리 잡고 있는 것이라 말할 수 있다.

흔히 행복의 조건을 이야기할 때 돈과 시간, 건강을 꼽는다. 하지만 젊은이에겐 시간과 건강이 있는 대신 돈이 없고, 중년에게는 돈과 건강이 있는 대신 시간이 없다. 또 노년에는 돈과 시간은 있는데 그것을 누릴 건강이 없다. 이렇게 생각하니 계속해서 만족과 행복이 없는 것이다. 시간과 건강이 있으니 돈은 젊을 때 벌면 된다. 시간을 투자해서 돈과 건강을 확보했으니 중년에는 행복하고, 노년에는 돈과 시간이 있으니 건강을 돌보며 좋은 일을 하고 살아야지 하고 생각하면 된다. 그러면 인생 전체가 행복해지지 않을까?

행복의 적

우리의 행복을 방해하는 가장 큰 적은 고정관념과 두려움, 그리고 잘못된 목표설정이다. 고정관념은 상당히 행복한 상태임에도 불구하고 정작 자신은 불행하다고 느끼는 것이다. 즉 지금 자신이 누리고 있는 것은 행복이 아니고, 행복은 저 멀리서 나를 조롱하고 있다고 생각하는 것이다. 그릇은 한 번 깨지면 못 쓰지만 고정관념은 깰수록 발전한다. 고정관념은 스스로 깨야 한다. 스스로 깨고 나오면 병아리가 되지만 다른 사람이 깨면 계란 프라이가 된다는 말도 있다.

두려움도 힘이 매우 강하다. 물론 두려움이 전혀 없을 수는 없다. 그러나 극복하려는 자세는 천차만별이다. 대체로 두려움은 지나친 염려에서 나온다. 『성경』에는 두려워하지 말라는 말이 365회나 나온다고 한다. 매일 두려움 속에 묻혀 살아가는 인간에게 힘과 용기를 주기 위함일 것이다. 두려움은 인간을 파멸로 인도하려는 악마의 선물과 다름없다. 세계적인 성공학 연구자인 나폴레온 힐은 "두려움과 맞서라! 그러면 두려움은 사라진다!"라고 하였다. 두려움을 극복하지 못하고 고통스러워하는 사람은 노예나 마찬가지다.

기차여행을 하다보면 갑자기 터널이 나타나면서 어두워지고 시끄러운 소음이 들린다. 하지만 사람들이 태연히 있을 수 있는 이유는 터널을 지나 여전히 목적지로 달려가고 있음을 모두 알고 있기 때문이다. 터널에서는 앞으로 나아가면 나아갈수록 끝이 가까워지고, 동굴에서는 들어가면 들어갈수록 꽉 막힌 어두움이 기다린다. 현재 자신에게 닥친 어두움을 지나치는 터널로 보느냐 아니면 동굴로 보느냐의 차이가 희망과 절망의 차이가 된다.

잘못된 목표 또한 행복의 걸림돌이다. 목표는 삶의 질을 바꾼다. 행복해지기 위해 모두 열심히 노력하지만 노력하는 것보다 중요한 것이 바로 방향이다. 잘못된 방향으로 열심히 달려봐야 결국 목적지에서 멀어지는 결과만 초래한다. 설악산을 가느냐 에베레스트에 가느냐에 따라 방향이 달라지고 준비하는 자세와 장비도 달라지는 법이다. 그리고 일단 방향을 세웠으면 몰입해야 한다. 목적을 분명히 하고 올인하는 사람이 성공한다. 꼭 성공하지는 못하더라도 최소한 성공이 있는 쪽으로 다가갈 수 있다. 겨울의 흐린 햇볕도 돋보기로 빛을 한곳에 모으면 불이 붙는다. 명확한 목표에 집중하면 반드시 성공적인 결과가 기다린다.

행복의 자세

행복한 사람들의 공통점이 몇 가지 있다.

첫째, 행복한 사람들은 긍정적인 마음과 감사하는 마음을 품고 산다. '행복하기 때문에 노래를 부르는 것이 아니라 노래를 부르기 때문에 행복해진다'는 윌리엄 제임스의 명언이 그래서 의미 있다. 감사할 줄 아는 사람에겐 언제나 감사의 조건이 넘친다. 그리고 감사하기 때문에 더 큰 감사의 조건이 생긴다. 부모가 아이에게 선물을 했는데 아이가 행복해하고 감사하는 모습을 보면 더 좋은 선물을 해주고 싶은 마음이 드는 이치와 같다. 감사하는 일은 절대 손해 보는 일이 아니다. 자신의 행복을 상대방에게 전이시키는 아름다운 일이다.

둘째, 사물을 보는 시각이 다르다. 행복한 사람은 다른 사람에게서도 행복한 부분을 찾아낸다. 그리고 함께 행복해한다. 반면 불행한 사람들은 다른 사람의 불행한 부분만 바라보거나 나쁜 점만 찾아낸다. 그리고 그것을 지적하며 또 기분 나빠한다. 산 좋고 물 좋은 곳에 가서도 시각의 차이가 분명하다. 행복한 사람들은 항상 기뻐하는데 불행한 사람들은 별거 아니라며 폄하하기 일쑤다. 식사를 할 때도 마찬가지다. 행복한 사람들은 맛있고 예쁜 음식을 골라내 기쁨을 만끽하지만 불행한 사람들은 맛없는 음식, 흠 있는 음식만 찾아내 연신 불평을 쏟아낸다.

셋째, 행복한 사람은 얼굴 표정이 다르다. 그들의 얼굴에선 항상 웃음과 따뜻함이 배어 나온다. 나이와 전혀 상관이 없다. 내면의 가치가 향기처럼 밖으로 우러나오는 것이다. 그러나 걱정과 근심으로 가득한 사람들은 웃고 있어도 어딘가 모르게 어두우며 쓸쓸해 보인다. 그나마 그 웃음마저 금방 식어버리는 경우도 많다. 내면의 불행을 감출 수가 없기 때문이다. 따라서 행복해지려면 행복한 사람들과 어울려야 한다. 행복이든 불행이든 순간적으로 전염되기 때문이다.

넷째, 행복한 사람은 말씨가 다르다. 그들의 말에서는 언제나 희망과 기대감이 묻어 나온다. 그런데 만날 때마다 죽겠다고 엄살을 부리는 사람도 있다. 누구라도 그 사람 곁에 다가서기를 꺼리게 될 것이다. 그 사람과 함께 있으면 함께 죽을 것 같은 느낌이 들기 때문이다.

인생은 말대로 된다. 말이 곧 기도이기 때문이다. 간절히 기도하면 이루어진다는 말이 있다. 누구든 간절히 원하면 받을 수 있다. 따라서 아침에 눈을 뜨자마자 내뱉는 한마디에 신경을 써야 한다. 말 한마디의 힘은 조그마한 열쇠(key)로 큰 덩치의 자동차를 움직이는 것과 같다. 행복의 시동을 거느냐 불행의 시동을 거느냐의 차이가 말 한마디에 달려 있는 것이다.

말투는 그 사람의 얼굴 표정에 따라 달리 나오고, 얼굴 표정은 무엇을 보느냐에 따라 달라지며 무엇을 바라보는가는 생각의 방향에서 비롯된다. 결국 행복은 생각으로부터 출발한다고 할 수 있다.

행복한 인간관계

우리가 훌륭한 이미지를 만들어가는 궁극적인 이유는 나를 만나는 모든 사람들에게 행복을 전염시키기 위해서다. 전염 당하고 오느냐 전염을 시키고 오느냐의 차이도 그 사람의 생각과 의지에 달려 있다. 행복도 결국 인간관계로 귀결된다고 할 수 있는데, 사람들은 인간관계의 문제에 직면할 때마다 다음 세 가지 중 한 가지 방법으로 문제의 상황을 조정하려 한다.

첫째, 당면한 상황을 바꾸는 것이다. 하지만 이것은 쉽지 않다. 자신이 바꿀 수 있는 정도의 상황이라면 진짜 문제라고 보기에는 무리가 있기 때문이다.

둘째, 다른 사람을 바꾸는 것이다. 사실 다른 사람을 바꾼다는 건 자신이 당면한 문제보다 더 어려운 문제다. 다른 사람에게 자신의 가치나 행동, 욕구에 맞도록 바꾸라고 요구한다면 효과적인 인간관계를 유지하는 것은 거의 불가능할 것이다.

셋째, 자신을 변화시키는 방법이다. 자신을 변화시킨다는 것이 말처럼 쉬운 일은 아니지만 당면한 상황이나 다른 사람을 바꾸는 것보다는 상대적으로 쉽다. 대인관계 속에서는 자신을 변화시켜 나아가는 것이 가장 논리적이고 지혜로운 해결방법이 될 수 있다. 또 자신의 변화된 생각과 행동은 다른 사람의 행동까지 변화시킬 수 있는 자극제가 될 수 있다. 따라서 계속되는 대인관계 속에서 원만하고 바람직한 관계를 유지하고 발전시키려면 '이미지 메이킹'이 꼭 필요하다. 자신이 추구하고 있는 목표에 도달하기 위해 자신의 신분과 역할에 맞는 이미지를 지속적으로 가꾸어나가는 일은 대인관계 전략에서 빼놓을 수 없는 일이다.

호감의 조건은 다른 사람들에게 보이기 이전에 스스로 자신의 정체성을 확고히 하는 일이고, 다른 사람들에 대한 나의 심리적·정서적인 태도를 우호적으로 정립시켜놓는 일이다. 좋은 인간관계는 삶의 질을 높인다. 또 개인의 성공과 행복뿐만 아니라 주변 사람들에게까지 영향을 미친다. 인간관계는 상대적이고 유기적이기 때문에 타인에게 전이되기 쉽다. 따라서 개인의 인간관계 능력은 개인에서 끝나는 문제가 아니라 조직 공동체의 능력으로 나타나게 되는 것이다.

좋은 인간관계란 결과적으로 자신과 상대방을 행복하게 하는 일이다. 그리고 개인의 노력 여하에 따라 얼마든지 원하는 크기만큼 만들 수 있다. 인간관계의 질을 향상시켜나갈 이유가 여기에 있다. 꿈과 비전이 있다면 그것을 이루어가는 과정을 행복하게 여기고, 자신의 행복만 이룰 것이 아니라 자신이 만나고 있는 모든 사람들을 전염시켜 모두의 행복을 키우는 사람이 되어보자.

큰글자 살림지식총서 078

호감의 법칙

펴낸날	초판 1쇄 2013년 4월 12일
	초판 2쇄 2015년 12월 31일

지은이	김경호
펴낸이	심만수
펴낸곳	(주)살림출판사
출판등록	1989년 11월 1일 제9-210호

주소	경기도 파주시 광인사길 30
전화	031-955-1350 팩스 031-624-1356
홈페이지	http://www.sallimbooks.com
이메일	book@sallimbooks.com

ISBN	978-89-522-2415-6 04080

※ 이 책은 큰 글자가 읽기 편한 독자들을 위해
  글자 크기 15포인트, 4×6배판으로 제작되었습니다.